中国牛仔服装行业循环经济研究报告

程晧　王琳　杨爱民　**编著**

中国纺织工业联合会环境保护与资源节约促进委员会　**组织编写**

中国纺织出版社有限公司

内 容 提 要

本书首先介绍了国际与国内循环经济的发展状况及有关政策，简要描述了国际与国内废旧纺织品的回收利用状况，综合分析了中国牛仔服装行业的发展现状，深入剖析了牛仔服装行业循环经济的发展特点，详细研究了牛仔服装行业循环经济体系及特点，对牛仔服装回收和再利用与碳减排及产品质量的关系、纤维再利用周期及再利用与环境保护等问题进行了分析和探讨，其次提出了牛仔服装行业循环经济发展的途径以及促进行业循环经济发展的若干举措，为中国纺织行业绿色转型和循环经济发展提供了有力的支撑。

本书适合纺织行业及相关研究机构的专业人士阅读。

图书在版编目（CIP）数据

中国牛仔服装行业循环经济研究报告 / 程晧，王琳，杨爱民编著；中国纺织工业联合会环境保护与资源节约促进委员会组织编写 . -- 北京：中国纺织出版社有限公司，2023.10

ISBN 978-7-5229-0981-3

Ⅰ . ①中… Ⅱ . ①程… ②王… ③杨… ④中… Ⅲ . ①牛仔服装－服装工业－循环经济－经济发展－研究报告－中国 Ⅳ . ① F426.86

中国国家版本馆 CIP 数据核字（2023）第 172762 号

责任编辑：孔会云　　特约编辑：由笑颖
责任校对：高　涵　　责任印制：王艳丽

中国纺织出版社有限公司出版发行
地址：北京市朝阳区百子湾东里A407号楼　邮政编码：100124
销售电话：010—67004422　　传真：010—87155801
http://www.c-textilep.com
中国纺织出版社天猫旗舰店
官方微博http://weibo.com/2119887771
天津千鹤文化传播有限公司印刷　各地新华书店经销
2023年10月第1版第1次印刷
开本：889×1194　1/16　印张：7.5
字数：114千字　定价：128.00元

凡购本书，如有缺页、倒页、脱页，由本社图书营销中心调换

《中国牛仔服装行业循环经济研究报告》编委会

顾　问：孙淮滨　华　珊　王　耀　关一松
主　编：程　晧
副主编：王　琳　杨爱民
编　委：（按姓氏笔画排序）
　　　　李　孝　郑君仪　张中娟　侯　锋
　　　　高　阳　曹子靖

序

在我国社会经济高质量发展和生态文明建设不断推进以及实现碳达峰和碳中和目标的要求下,《中国牛仔服装行业循环经济研究报告》与行业读者见面了。2021年7月1日国家发展改革委印发的《"十四五"循环经济发展规划》提出大力发展循环经济,推进资源节约循环利用,加速了中国工业发展模式根本性的转变,由线性经济发展模式变为循环式发展模式。绿色低碳循环发展已成为全行业共识,循环经济的理念在纺织领域的产品设计、工业生产以及商业流通等方面得到深化,并呈不断扩展之势。

牛仔服装作为时尚单品,因其老少皆宜且穿着不受季节限制,有很强的通用性和广泛性,是深受消费者喜爱的休闲服装。随着生产工艺和材料不断升级,牛仔服装兼具时尚与耐用性,成为最具市场潜力的时尚单品之一,越来越多的国际服装品牌都增加了牛仔服装品类,牛仔服装的生产量和消费量快速增长。牛仔服装行业随之快速发展,由此带来大量牛仔服装生产和使用后处置不当造成的资源浪费和环境污染问题,日益引起社会的关注和重视。中国纺织工业联合会和艾伦·麦克阿瑟基金会(英国)高度重视和促进牛仔服装行业的发展以及牛仔服装的循环再利用,为了使行业能够健康可持续发展并适应温室气体减排的需要,联合发起"牛仔服装行业循环可持续发展"项目。该项目致力于转变牛仔服装行业的生产模式,使行业的发展能与生态文明建设和绿色生产相适应,在牛仔服装整个产业链中实现循环经济发展,显著减少牛仔服装在生产和使用过程中的能源和资源的消耗,减少对环境产生的负面影响。发展牛仔服装行业循环经济是纺织行业实现绿色可持续发展的重要组成部分,有助于纺织行业减少温室气体的排放,提高废旧纺织品循环利用率,为纺织行业转型升级、实现高质量发展做出示范。

为开展"牛仔服装行业循环可持续发展"项目研究,在艾伦·麦克阿瑟基金会的支持下,中国纺织工业联合会设立课题组开展了中国牛仔服装行业现状的深入调研,结合调研结果和相关的研究成果,编写了《中国牛仔服装行业循环经济研究报告》,该书系统介绍了国际与国内循环经济的发展状况以及相关的政策,简要描述了国际与国内废旧纺织品的回收利用状况，综合分析了中国牛仔服装行业的发展现状，深入剖析了牛仔服装行业循环经济的发展特点，详细研究了牛仔服装行业循环经济体系及特点，提出了牛仔服装行业循环经济发展的途径以及促进发展的若干举措。

在此，期待本书能够引起行业内外及相关机构和专业人士的关注，共同聚集智慧和能量，有效推动牛仔服装行业循环经济跃上新台阶，助力国家和行业循环经济健康可持续发展。

中国纺织工业联合会原副会长
二〇二三年六月

前言

中国纺织工业联合会环境保护与资源节约促进委员会（CPER，以下简称"中国纺联环资委"）从2011年成立至今，在全行业广泛开展节能减排与资源综合利用工作，参与研究制定行业环境资源规划、政策和标准，如《纺织行业"十四五"绿色发展指导意见》《关于加快推进废旧纺织品循环利用的实施意见》（发改环资〔2022〕526号）等政策建议。

中国纺联环资委在成立之初，就向全国发出了"旧衣零抛弃"的倡议，并联合各部委、机构、品牌、学校等开展了"旧衣零抛弃"城市行动、校园行动，完成了品牌专项、羽绒专项、酒店专项等系列废旧纺织品循环路径的产业研究，发布了《品牌回收废旧纺织品回收及资源化利用环境效益评价》《上海城市废旧纺织品回收资源化利用的实现途径研究》等报告，为推动产业循环低碳发展提供了理论基础和技术支撑。

2021年，中国纺联环资委启动了"Green Challenge可持续时尚"系列活动，组织开展了校园设计大赛、可持续材料讲座、论坛、展览展示等活动，为推行可持续设计理念提供循环发展的交流平台。2022年，中国纺联环资委和艾伦·麦克阿瑟基金会联合发起"牛仔再造中国产业实践"项目，希望通过借鉴《牛仔再造指南》的研究经验，共同探索牛仔服装资源回收与高值化利用的解决方案，描绘中国牛仔行业循环经济潜力及可行性。

由中国纺联环资委组织编写的《中国牛仔服装行业循环经济研究报告》是一份详细、全面、系统研究和分析中国牛仔服装行业现状以及循环经济发展的报告。本书基于对牛仔服装行业的调研结果以及对牛仔服装行业循环经济体系的研究结果，提出了牛仔服装行业开展循环经济及发展的途径和促进牛仔服装行业循环经济发展的举措。

中国纺织工业联合会

环境保护与资源节约促进委员会

二〇二三年六月

目录

第一章　国际与国内循环经济的发展 ………………………… 001
第一节　循环经济模式比较 ………………………… 002
第二节　循环经济政策和法规 ………………………… 003
一、国际循环经济政策和法规 ………………………… 003
二、国内循环经济政策和法规 ………………………… 005

第二章　废旧纺织品的回收与再利用 ………………………… 009
第一节　国际废旧纺织品循环利用情况 ………………………… 010
第二节　国内废旧纺织品循环利用情况 ………………………… 014
第三节　国内废旧纺织品回收系统 ………………………… 019
一、废旧纺织品回收基本流程 ………………………… 019
二、废旧纺织品回收系统的特点 ………………………… 020

第三章　牛仔服装行业的发展与现状 ………………………… 023
第一节　牛仔服装行业的基本情况 ………………………… 024
一、产业分布 ………………………… 024
二、原材料使用 ………………………… 025
三、生产工艺流程 ………………………… 027
第二节　牛仔服装生产能耗和水耗 ………………………… 029
第三节　牛仔服装循环可持续发展的情况 ………………………… 030
第四节　牛仔服装回收和再利用的现状 ………………………… 033
第五节　牛仔服装循环可持续发展的难点与方向 ………………………… 033

  一、牛仔服装的特点 ………………………………… 033
  二、牛仔服装回收和再利用的难点 ………………… 034
  三、牛仔服装循环可持续发展的方向 ……………… 034
 第六节 牛仔服装再造项目 ……………………………… 035
  一、项目的发起和背景 ……………………………… 035
  二、《牛仔再造指南》 ……………………………… 036

第四章 牛仔服装行业循环经济体系 ……………… 039

 第一节 牛仔服装产业链 ………………………………… 040
 第二节 牛仔服装产业链各环节的影响 ………………… 040
 第三节 生产环节循环体系 ……………………………… 041
  一、生产环节与流程 ………………………………… 041
  二、产品设计 ………………………………………… 042
  三、生产环节的能源和资源消耗 …………………… 043
  四、生产环节的循环经济 …………………………… 045
  五、生产环节循环体系的构成与评价 ……………… 046
 第四节 生产—流通环节循环体系 ……………………… 049
  一、生产—流通环节 ………………………………… 049
  二、生产—流通环节的能源和资源消耗 …………… 049
  三、生产—流通环节的循环经济 …………………… 050
  四、生产—流通环节循环体系的构成 ……………… 050
 第五节 产品再生循环体系 ……………………………… 051
  一、产品再生循环体系的构成与特点 ……………… 051
  二、产品再生循环的能源和资源消耗 ……………… 051
  三、产品再生循环经济 ……………………………… 052
  四、工艺路线和最终用途的确定 …………………… 053
 第六节 牛仔服装回收和再利用体系 …………………… 053
  一、牛仔服装回收和再利用体系的构成 …………… 053
  二、牛仔服装回收和再利用体系的布局 …………… 054

三、牛仔服装回收和再利用体系的建立和运行 ………… 054

　第七节　牛仔服装回收和再利用对产品质量和环境的影响 ……… 055

　　一、回收和再利用对产品质量的影响 ………………………… 055

　　二、回收和再利用对环境的影响 ……………………………… 055

第五章　牛仔服装行业循环经济发展的路径 ………………… 059

　第一节　绿色产品设计 …………………………………………… 060

　　一、纤维原材料的选择 ………………………………………… 060

　　二、款式的设计 ………………………………………………… 060

　　三、产品质量的要求 …………………………………………… 060

　第二节　原材料的选择和使用 …………………………………… 061

　　一、染料的选择 ………………………………………………… 061

　　二、化学品的选择 ……………………………………………… 061

　第三节　原材料的节约与再利用 ………………………………… 061

　　一、原材料形态、浓度的选择 ………………………………… 061

　　二、原材料的称量与输送 ……………………………………… 062

　　三、原材料的重复利用和回用 ………………………………… 062

　　四、短流程的研发和应用 ……………………………………… 062

　第四节　能源和资源的节约与再利用 …………………………… 062

　　一、能源消耗种类的选择 ……………………………………… 062

　　二、生产设备的选择 …………………………………………… 062

　　三、节约蒸汽 …………………………………………………… 063

　　四、节约电力 …………………………………………………… 063

　　五、余热回收和利用 …………………………………………… 063

　　六、再生能源利用 ……………………………………………… 064

　　七、水的重复利用和节水工艺 ………………………………… 064

　　八、染化助剂的回收和利用 …………………………………… 065

　　九、服装饰物和零部件的重复利用 …………………………… 065

　　十、牛仔服装的重复利用 ……………………………………… 065

  第五节 建立和完善管理系统 …………………………………… 066

第六章 促进纺织行业循环经济发展举措 …………………… 069

  第一节 推进相关政策不断完善 …………………………………… 070

    一、进一步明确各级政府部门的责任 ………………………… 070

    二、实施必要的奖罚措施 ……………………………………… 070

  第二节 建立规范的纺织行业循环利用体系 …………………… 070

    一、强化纺织品生产者社会责任 ……………………………… 070

    二、强化典型引领，探索高效循环利用模式 ………………… 071

    三、完善回收网络，共建资源综合利用信息化平台 ………… 073

    四、加快废旧纺织品工业再利用分拣中心试点示范 ………… 073

  第三节 建立牛仔服装循环经济标识体系 ……………………… 073

    一、完善牛仔服装行业绿色生产标准体系 …………………… 073

    二、开展产品可追溯性和信息披露的产业协作 ……………… 074

    三、推动废旧纺织品资源循环利用可追溯信息化平台建设 …… 074

  第四节 积极推动低碳化技术的开发和应用 …………………… 074

    一、积极推广成熟的循环经济技术 …………………………… 074

    二、加强绿色产品设计，提高人才储备 ……………………… 074

    三、开展循环经济共性关键技术的研发 ……………………… 075

    四、开展多层次的培训和教育 ………………………………… 075

  第五节 建立绿色金融融资体系 …………………………………… 076

    一、建立绿色金融评价体系 …………………………………… 076

    二、充分发挥社会融资力量 …………………………………… 076

第七章 牛仔服装行业循环经济案例 ………………………… 079

  第一节 生产环节循环经济技术案例 ………………………………… 080

    一、再生纱的应用 ……………………………………………… 080

    二、湿法上浆工艺 ……………………………………………… 080

    三、射频识别技术 ……………………………………………… 081

四、环保浮石洗水技术 ·················· 083
　　五、环保炒砂石工艺 ·················· 084
　　六、低浴比水洗工艺 ·················· 085
　　七、纤维素酶（酵素）水洗技术 ·················· 086
　　八、泡沫水洗工艺 ·················· 087
　　九、臭氧洗水工艺 ·················· 089
　　十、激光雕刻技术 ·················· 089
　第二节　再生环节循环经济技术案例 ·················· 090
　　一、纤维识别技术 ·················· 090
　　二、涤/棉纤维分离技术 ·················· 091
　　三、棉纤维回收技术 ·················· 092
　第三节　先进企业案例 ·················· 092
　　一、广东前进牛仔布有限公司 ·················· 092
　　二、广州市博森牛仔服装有限公司 ·················· 095

参考文献 ·················· 100

附　录 ·················· 101
　附录一　概念解释 ·················· 101
　附录二　牛仔服装生产用化学品情况表 ·················· 102

中国牛仔服装行业循环经济研究项目组核心项目团队 ······ 104

致　谢 ·················· 105

第一章

国际与国内循环经济的发展

Development of Circular Economy
in and out of China

第一节　循环经济模式比较

工业革命以来，工业发展都是一种单向流动线性经济模式，即原材料的消耗基本上是一次性的，属于社会财富的累积与自然资源消耗同步增长的模式。线性经济模式存在资源高开采低利用、污染高排放的问题，日积月累后造成严重的生态环境污染和自然资源的日益匮乏。20世纪60年代开始，人们对工业生产模式有了新的认识和看法，1962年美国生态学家蕾切尔·卡逊（Rachel Carson）出版了《寂静的春天》一书，指出生物界及人类面临的危险。

随着人们对社会发展规律的认知提高、科学技术的进步以及自然资源的日益匮乏，人们意识到人类经济活动要实现持续稳定的发展就必须改变原有的生产模式，转向循环经济发展模式。美国经济学家肯尼思·艾瓦特·博尔丁（Kenneth Ewart Boulding）提出了"循环经济"的概念，主要指在人、自然资源和科学技术的大系统内，在资源投入、企业生产、产品使用及其废弃的全过程中，把传统的依赖资源消耗的线形增长经济，转变为依靠生态型资源循环来发展的经济。他提倡建立既不会使资源枯竭，又不会造成环境污染和生态破坏，能循环使用各种物质的"循环式"经济，以代替过去的"单程序"经济。这就是循环经济发展模式。两种生产模式对比见表1.1。

表1.1　两种生产模式的对比

项目	线性经济模式	循环经济模式
特点	在生产过程不受资源的限制以获取最大的经济效益；不考虑节约资源的过度生产，忽视废弃物对环境的破坏	合理利用资源和降低环境影响，以可持续性的资源利用，设计开发易循环的产品，强调与环境和谐发展
基本流程（物质流动）	资源获取—产品制造—废弃物	资源获取—产品制造—再生资源
原材料利用	一次性消耗	多次利用以及循环利用
能源和原材料消耗量	高消耗、高排放	低消耗、低排放
废弃物对环境政策的影响	末端治理，造成大量资源浪费和高负荷环境	全过程控制，减少废弃物产生和无害化处理，注重过程控制，最大限度地进行资源化利用

循环经济是一种以资源的高效利用和循环利用为核心，以"减量化、再利用、资源化"为原则，以低消耗、低排放、高效率为基本特征，是一个资源获取—产品制造—再生资源的反馈式循环过程，符合可持续发展理念的经济增长模式，是对大量生产、大量消费、大量废弃的传统增长模式的根本变革。通过近几十年工业模式转变的探索和实践，不断地丰富了循环经济的内涵，循环经济模式也得到了不断的完善和发展。

中国的工业自改革开放以来，得到了高速的发展。中国工业发展模式已经从高速度发展转向高质量发展，从粗放型发展转向效益型发展。在全球经济低碳循环发展的大环境下，中国工业发展的模式也面临着转变，由原来的线性发展模式改变为循环式发展模式。这就需要在工业生产、商业流通以及产品设计、材料替代、回收处置等方面推行循环经济的概念。

第二节　循环经济政策和法规

一、国际循环经济政策和法规

循环经济的思想起源于美国，英国环境经济学家大卫·皮尔斯（David Pearce）和R.克里·特纳（R. Kerry Turner）于1989年明确提出了循环经济（circular economy）的概念。20世纪90年代以来，德国进行了循环经济的实践，日本、法国、荷兰、美国等发达国家也开展了循环社会实践活动。

发展循环经济成为国际社会的一种趋势，特别是随着联合国率先提出有关循环经济政策和相应的法规。德国在1972年发布的《废弃物处置法》规定通过填埋、堆肥和焚烧处置废弃物；1986年修订《废弃物处置法》为《废弃物管理法》，1994年又通过新的《循环经济与废弃物管理法》，在此法中规定废弃物的减量化优于废弃物资源化，即避免产生—循环使用—最终处置，明确提出了减量化、资源化和无害化处置的优先顺序。并确立产生废弃物最小法、污染者承担治理义务以及政府与公民合作三原则。1998年德国引入循环经济概念，确立3R原则的中心地位，从可持续生产的角度对循环经济发展模式进行整合，并将循环经济纳入科学发展观。德国也以3R原则为核心制定相关的政策和法规。目前，废弃物处理已成为德国经济支柱产业。

1976年，美国联邦政府制定了《固体垃圾处理法案》，以物质再生利用作为推行循环经济的主要抓手。目前，美国各州也成立各式各样的再生物资利用协会和非政府组织，开设网站，列出使用再生物资进行生产的厂商，通过举办各种活动鼓励人民购买再生物质产品。

20世纪80年代前后,日本制定相关法律法规大力推行循环经济。90年代提出"环境立国"战略。2000年,日本政府颁布《促进循环型社会形成基本法》,还制定系列配套的综合性法律,如《废弃物处理法》《再生资源利用促进法》以及针对循环经济物质性质制定的法律法规,如《绿色采购法》《包装容器再生利用法》等,促进资源的再生利用,对循环型社会公共设施提供财政支持,还发挥全社会共同参与、产学研共同协作的优势建设循环型社会。

法国政府的生态和可持续发展部在2007年9月发布了《关于新纺织服装产品、鞋及家用亚麻布产生的废弃物再循环与处理法令草案》。该法令草案制定了关于纺织废弃物延伸生产者责任及计划的组织程序,要求这些产品批发商为其产品废弃物再循环与处理或捐助而设立的独立组织和机构,必须经政府部门的批准或认可。法国是欧盟唯一实施纺织品强制生产者责任延伸制度的国家。2008年12月开始,欧盟开始实施新指令,将废旧纺织品及服装列为可循环利用材料,推动纺织品及服装在欧盟的循环利用。

2008年,欧盟修订和发布了《废弃物框架指令2008》(WFD),提出减少废弃物形成的五个步骤:从源头防止废物产生、重复使用、回收、再制造和处置。WFD是一个欧盟范围内的指令,每个欧盟成员需要以WFD为框架指导国内法规的制定。

2015年,联合国提出了可持续发展目标(sustainable development goals,SDGs),国际社会就解决社会、经济、环境的问题,提出了一个共同的愿景和框架。明确可持续发展的核心之一是解决资源和环境难题。为应对全球气候变化的形势发展,循环经济的作用不仅在3R,也成为应对气候变化的重要抓手。2019年12月,欧盟推出《欧洲绿色协议》,在该协议中,将调动企业发展清洁循环经济作为具体政策实施要点。随后,欧盟委员会陆续提出《循环经济行动计划》(CEAP)、《可持续产品倡议》(SPI)、《欧盟可持续和循环纺织品战略》,包括《可持续产品生态设计条例》(ESPR)等。在《可持续产品倡议》中试图通过产品层面、企业层面和采购层面的监管干预,引导商业行动,使循环经济成为新常态。《可持续产品倡议》给出了相关的政策框架以刺激循环设计解决方案,支持各种循环经营战略以及与物质、产品和服务相关的创新。

2018年12月10日,在波兰卡托维兹举行的气候变化大会(COP24)上,由联合国发起的《时尚业气候行动宪章》(*Fashion Industry Charter for Climate Action*)正式诞生。到2020年,已经有103个品牌和机构加入宪章。2021年2月,第五届联合国环境大会成立全球循环经济与资源效率联盟,将发展循环经济作为促进经济绿色转型的重要路径。

再循环是把已使用过的物质返回工厂制造新的产品。最优的资源化方式是原级资源化,即将废弃物资源化后形成与原来相同的新产品,可以减少30%~90%的原生材料使用量；第二是次级资源化，即废弃物被变成其他不同类型的新产品，可减少使用30%的原生物质。为此中国纺织工业联合会在2012年提出了"旧衣零抛弃"的概念，"零"废弃就是要最大限度地使用和减少资源的浪费。

二、国内循环经济政策和法规

中国自2005年开始从国家层面大力推动循环经济，2008年8月29日，中华人民共和国主席令（第四号）公布的《中华人民共和国循环经济促进法》，该法以3R循环经济三个原则为立法理念，是推动和开展循环经济的基本法。《中华人民共和国循环经济促进法》的发布使中国的循环经济进入加速期，从各层面加速经济社会的循环转型，围绕固体废弃物和能源的管理与利用、再生资源回收利用、城市生活垃圾分类、"无废城市"试点等出台了一系列技术指南、金融政策等，并发布国家循环经济发展规划，为促进循环经济发展提供了法律保障。

2007年3月27日，商务部等六部委联合发布《再生资源回收管理办法》（2007年第8号）。该文件规范了再生资源回收行业的发展和运行。2021年，国务院印发了《循环经济发展战略及近期行动计划》，这是全球首个有关循环经济的国家专项规划。后续针对不同固体废物，国务院、发展改革委等相关部门制定了《废弃电器电子产品回收处理管理条例》《中国资源综合利用技术政策大纲》（2021年第14号）、《工业固体废物综合利用先进适用技术目录（第一批）》（2013年第18号）、《矿产资源节约与综合利用鼓励、限制和淘汰技术目录》（国土资发〔2014〕176号）等文件。针对中国经济社会发展的需要，还制定了相关发展规划，如《国家发展改革委关于印发"十二五"资源综合利用指导意见和大宗固体废物综合利用实施方案的通知》（发改环资〔2011〕2919号）、《"十四五"循环经济发展规划》《国家发展改革委等部门关于加快废旧物资循环利用体系建设的指导意见》（发改环资〔2022〕109号）、《关于构建现代环境治理体系的指导意见》（2020年第8号）以及《关于加快建立绿色生产和消费法规政策体系的意见》（发改环资〔2020〕379号），这些政策对于完善我国废旧物资循环利用体系，提高资源循环利用水平，提出了明确的任务和目标。在完善和规范废旧纺织品的回收和再利用方面，已经发布了《再生化学纤维（涤纶）行业规范条件》（2021年修订）（工业和信息化部公告2015年第40号）、《废旧纺织品再生利用技术规范》等标准。为进一步加快推进废旧纺织品循环利用，构建资源循环型产业体系和废旧物资循环利用体系，提高资源利用效率，2022年4月11日，国家发展改革委、商务部、工业和信息化部联合印发《关于加快推进废旧纺织品循环利用的实施意见》（发改环资〔2022〕526号），对推动纺织行业生态文明建设，助力实现碳达峰碳中和目标具有重要意义。

发展循环经济，推动资源综合利用、产业发展需要政策和资金等多方面支持。中国相继出台了有关投融资、退税等政策，相关文件有《关于支持循环经济发展的投融资政策措施意见》（发改环资〔2010〕801号）、《资源综合利用企业所得税优惠目录（2021年版）》《资源综合利用产品和劳务增值税优惠目录（2022年版）》以及对新型墙体材料提出了《专项基金征收使用管理办法》（财综〔2007〕77号）等措施。党的二十大报告强调：必须牢固树立和践行绿水青山就是金山银山的理念，站在人与自然和谐共生的高度谋划发展。目前，中国已经初步形成了资源综合利用的法规政策体系，资源综合利用立法研究论证已经列入第十三届全国人大常委会立法规划，循环经济成为中国经济发展的新动能。中国纺织行业要加快发展方式绿色转型，就要坚持和贯彻新发展理念，正确处理经济发展和生态环境保护的关系，改变传统的"大量生产、大量消耗、大量排放"的生产模式和消费模式，使资源、生产、消费等要素相匹配相适应，实现经济社会发展和生态环境保护协调统一、人与自然和谐共生。

第二章

废旧纺织品的回收与再利用

The Recycle and Reuse of Disposable Textile

第一节　国际废旧纺织品循环利用情况

早在20世纪90年代和21世纪初，德国、法国等欧美国家及日本的纺织行业开始致力于从源头提高纺织服装的资源利用率，减少能源、化学品、水等资源消耗，同时也积极地以各种方式推进废旧纺织品的循环利用，降低纺织品使用后产生的环境污染，减少自然资源的消耗。

德国是欧洲国家中循环经济发展水平最高的国家之一，也是全球再生资源利用率最高的国家之一，德国的循环经济将避免废弃物产生作为废弃物管理的首要目标。循环经济起源于垃圾处理，然后逐渐向生产和消费领域扩展和转变。《循环经济与废弃物管理法》要求生产商、销售商以及个人消费者，从一开始就要考虑废弃物的再生利用问题。在生产和消费的初始阶段不仅要注重产品的用途和适用性，还要考虑该产品在其生命周期终结时将发生的问题。

德国的纺织业重视对人体健康和环境的保护以及资源的循环利用，拥有世界上领先的纺织品回收技术和回收系统。在德国，许多和纺织品回收相关的公司相互合作，对废旧纺织品进行回收、处理、再制造和再销售。据统计，德国每年产生约190万吨的废旧纺织品，其中近80万吨（约42%）被回收再利用。SOEX集团是全球领先的废旧纺织品处理公司，其位于德国萨克森安哈尔特州的沃尔芬工厂是德国废旧纺织品回收再制造的中心，他们提出了"零浪费"的目标，将纺织品回收闭环价值链相联系，提供了一个可持续的闭环系统。即"再穿着、再利用、再循环、再研究"的4R模型。"再穿着"是将纺织品进行分类排序，将仍可穿着的服装简单加工后送往二手市场或其他国家销售，延长产品的使用；"再利用"是将收集的产品转化为其他商品，比如将旧衣物做成抹布；"再循环"是将不能"再穿着"和"再利用"的产品纺纱或者制成非织造布，用于汽车内饰或建筑材料等用途；"再研究"是支持对一些废旧材料的再生利用的研究活动，如旧鞋底再生等。SOEX集团通过建立便利的收集系统，鼓励人们将旧衣送至收集点；通过建立全境的物流网和仓储系统，回收各类废旧纺织品；建立完善分类制度，通过对不同的衣物状况和纺织废料类型进行分类。SOEX有350种不同的分类标准，将物品分为400种不同的类型和材料，沃尔芬循环再制造厂每天可回收超过2700吨纺织废料。对于不可以再利用的产品，将进行焚烧作为热源。SOEX集团通过企业—社会，消费—生产，建立了以物流管理为核心的废旧纺织品循环经济闭环模式，对全球时尚产业的循环经济发展有重要意义。

荷兰是欧洲较早实施垃圾分类回收的国家，垃圾资源化率和回收率享誉全球。当很多欧盟成员国还在为2020年实现50%的垃圾回收率而努力时，荷兰在2013年就达到了51%，2020年已达到约80%。荷兰废旧纺织品的政策法规完整，政府、社区、企业三类回收体系完善，废旧服装60%~65%进入二手市场，30%~35%进行再生利用，剩余的5%进行焚烧。荷兰服装设计师从服装设计开始就考虑回收再利用问题，拉链、纽扣、缝线、吊牌等使用与面料相同的材料，以利于废旧服装的再利用，并把利用废旧纺织品作为一种时尚元素进行设计。荷兰的废旧物资处理主要由荷兰水利局负责，水利局隶属于环保部，是荷兰历史最悠久的部门之一。荷兰每年产生20.7万吨的废旧纺织品，地方政府负责回收这些废旧纺织品，或者由大的省区政府发放回收废旧纺织品的牌照。每年产生的20.7万吨的废旧纺织品中1/3被回收回来，2/3与其他的生活垃圾混在一起被运往荷兰的垃圾焚烧发电企业进行焚烧发电。纺织品服装全球回收标准（GRS）是由荷兰管制联盟制定，于2008年1月起实施的针对废旧纺织品回收后再生纤维使用所建立的第三方认证标准。2011年1月荷兰管制联盟将纺织服装全球回收标准的版权转让给全球最具影响力的美国纺织交易会所。2012年3月、2013年9月分别进行两次修订。目前GRS认证标准应用于多个国家及纺织品牌行业。

英国政府也提出"零废弃经济"的社会发展目标，并倡导全民将垃圾看作一种可利用的资源，特别是废旧纺织物，已被视为可回收、可再利用资源，不再被当作垃圾看待。2000年，英国政府首次发起纺织品回收计划，通过政策干预提高再利用和回收纺织品的比率，刺激回收纺织品市场的发展，并引导更多的研究开发及技术创新。据英国环境食品和乡村事务部（DEFRA）调查数据显示英国和北爱尔兰每年进入城市垃圾的纺织品约为116万吨，纺织品被视为增长最快的家庭垃圾。2012~2017年英国政府推动"永续服装行动计划"（SCAP），使英国的服装丢弃减少了14%，每吨服装的碳排放量下降了11%以上，用水量下降超过17%。

2007年，法国生态和可持续发展部发布《关于新纺织服装产品、鞋及家用亚麻布产生的废物再循环与处理法令草案》，规定了废旧纺织品的生产者延伸制度内容及实施细则。该法案提出：经过政府部门批准后，纺织品生产企业需要设立废旧纺织品捐助或循环利用机构，并根据废旧纺织品产生量确定捐助和循环利用比例。

2008年欧盟新修订的《废弃物框架指令（EU）2018/851》增加了建立废旧纺织品分类回收体系、再使用和再利用率目标。欧盟新指令提出以下两点。

（1）废旧纺织品作为生活垃圾应采取单独（分类）回收，2025年1月1日前，各国建立废旧纺织品单独（分类）回收体系。

（2）2024年12月31日前，成员国应制定废旧纺织品再使用和再生利用率目标。

为此，WRAP领导发起了"欧洲服装行动计划"（European Clothing Action Plan），旨在于2019年12月之前将超过9万吨的服装垃圾从整个欧洲的垃圾掩埋场和焚烧废弃物区转移到其他用途。2020年4月，欧盟委员会依据《废弃物框架指令（EU）2018/851》，出台了《生活垃圾单独（分类）回收指南》（以下简称《回收指南》），以实现欧盟提出的生活垃圾回收利用率在2025年、2030年和2035年分别达到55%、60%和65%的目标。欧盟《回收指南》涉及生物垃圾、塑料、废旧纺织品、家庭有害垃圾四类生活垃圾，并对废旧纺织品单独（分类）回收范围界定，规定回收后的废旧纺织品应先分拣出再使用和再利用，之后方可作为垃圾处理。未来欧盟将加大本土废旧纺织品分拣、提升再利用比例，减少废弃纺织品出口，最终提高废旧纺织品再使用和再生利用率，实现垃圾减量的目标。2019年，欧盟回收的废旧纺织品有35%出口到欧盟以外的国家。按照2020年3月发布的欧盟新版《循环经济行动计划》，芬兰提出2023年前，实现废旧纺织品单独（分类）回收的目标。按照欧盟《废弃物框架指令（EU）2018/851》的目标，到2025年欧盟废旧纺织品回收总量将达到420万~550万吨，这些废旧纺织品将在欧盟内进行分拣和再利用。麦肯锡咨询公司在其行业研究报告《欧洲纺织品规模化回收：变废为宝》中指出，到2030年，"纤维到纤维"（textile to textile）的大规模回收将有望实现，并会在欧洲创造一个新的可持续循环产业。该研究主要得到了欧洲服装和纺织品联合会（EURATEX）及其下一个名为ReHubs的倡议项目的支持。ReHubs是欧洲服装和纺织品联合会于2020年发起的一项倡议计划，旨在解决欧洲庞大的纺织废料问题，并计划到2030年实现250万吨纺织废料的"纤维到纤维"回收目标。

美国目前已经形成了由几十条法律、上千条例组成的完整、严格的环境法规体系。在固体废弃物管理方面的法律主要有，1976年修订更名的《资源保护与回收利用法》（RCRA）、《固体废物处理法》等。《资源保护与回收利用法》建立了恢复、回收、再利用、减量的4R（Recovery, Recycle, Reuse, Reduce）原则，为美国国会制定的废物管理规划提供了总的指导方针，为国家环保局制定一系列综合性法律规制及实施规则提供了指导。

美国可持续发展顾问资源回收系统（RRS）于2020年6月发布《美国的纺织品回收—循环路线图》。美国纺织废弃物数量的增长超过了所有其他主要废弃物的增长。2000~2017年，按人均计算，人均纺织品废弃物增长54%，而人均废弃物产生总量则减少了5%。纺织品废弃物丢弃的总体增长情况复杂，转移率只有15%，而且停滞不前。2017年，1690万吨的纺织废弃物中只有260万被转移处理。美国收集纺织品废物用于清理或回收，进入旧货店的纺织品中有80%直接卖给了纺织品经纪商和分拣分级商。根据二手材料和再生纺织品贸易小组（SMART）的报告，收集流入的材料中有

45%被出售以供再利用，30%用作机构用旧布，20%用于填充、再生毛织物和纱线纤维行业，5%由于污染导致无法回收或再利用。

日本政府从20世纪80年代开始大力推行循环经济，通过控制和命令的方式，制定了一系列的法律和法规，并通过调整管理规范推动循环经济发展，目前已经成功地建设成为循环型社会。2000年，日本制定《循环型社会形成推进基本法》，全社会对于建立循环型社会，减少残次品，在生产过程尽量循环利用资源，减少自然资源消耗，降低环境负荷有了共同认识。日本通过社会—企业（家庭），以静脉产业为基础，以废旧物资的回收和利用为重点，以循环型社会为目标，进行包括垃圾的收集、运输、资源化、填埋以及再制造。其废旧纺织品回收途径包括以下四种。

（1）传统废旧物品回收者回收。

（2）由地方政府发布行政明令的行政回收。

（3）自治会、儿童会、PTA等非营利团体发起的团体回收。

（4）服装生产及销售企业发起的企业回收。

保证了废旧纺织品回收的规模和循环利用的可行性。

日本重视再制造技术的研发和转化，由帝人集团开发的涤纶的化学降解技术，成功地形成小规模的涤纶废旧服装循环利用闭环模式，为废旧涤纶纺织品再生为高值化利用提供了技术可行性，探索了从纤维到纤维的循环闭环模式。根据日本中小企业基础事务机构的《纤维制品3R关联调查》显示，2009年日本纺织品的总3R率为22.1%，其中服装的3R率为26.3%，2001年废旧纺织品总3R率仅为10%，废旧纺织品3R率有了较大提高。

纵观循环经济发展的历史，各国都在探索废旧纺织品回收和循环发展的路径，但在线性经济发展模式下，全球的废旧纺织物的数量仍然在快速增长，许多服装或其他纺织物被一次性使用后作为垃圾处理掉，快时尚导致的服装消费量急剧增加，快速更新使废弃的服装数量迅速攀升，随着循环经济的发展，纺织品废料收集和利用已经成为一个独立行业，废旧纺织品回收不仅是商业化经济活动，还是环境友好型的环保产业，为各国带来新的就业岗位和千亿元级市场潜力。

纺织产业循环经济是一种新型的生产方式和生活模式，从欧美与日本等发达国家的经验来看，废旧纺织品服装主要走向是二手服装市场，欧美国家和日本分别选择了市场和政府作为循环经济的主要推动力，这是由其市场经济发展程度和东西方文化差异造成的。我国在探索循环经济发展模式中，可以充分借鉴欧美、日本等国的成功经验，结合中国的产业实际，通过政府推动、市场驱动、公众行动三个方面着手，构建符合我国纺织可持续发展理念的、具有中国特色的纺织品循环经济发展模式。

第二节　国内废旧纺织品循环利用情况

相比发达国家，我国的废旧纺织品回收及利用率偏低，高值化利用量少。在20世纪50~80年代，因中国纺织产业不发达，人均棉布产量仅2.3m左右，人均纤维消费量不足1kg，居民购买纺织品实施凭票供应，"新三年，旧三年，缝缝补补又三年"成为物资匮乏年代人们穿衣的真实写照，生活废弃品中很少出现旧衣物的身影。这一时期，旧衣物作为重要、稀缺的资源，由民政部负责统一管理，回收后用于扶贫。经过60年的发展，中国已经成为全球最大的纺织生产和出口国，纺织纤维加工总量占全球的50%以上。随着人们生活水平的提高，中国成为全球主要的纺织品消费市场之一，每年纤维消费总量约3000万吨，人均消费总量约22.4kg/年，达到了中等发达国家水平。随着人均纤维消费量不断增加，每年产生大量废旧纺织品，这些废旧纺织品包括一部分工业加工中产生的废丝和纺织边角废料，简称为废料；另一部分是使用过的服装、家用纺织品（窗帘、床品、毛巾等）、产业用纺织品（除尘袋、车用布、非织造布）等，简称旧纺织品，旧服装是其主要组成部分。工业端产生的废纺织品由于成分明确，无须鉴别、分拣即可送入综合利用企业进行资源化利用，生产再纺纱或非织造布，用于汽车或保温材料等。而城市生活中产生的旧纺织品因附件多（纽扣、拉链等）、成分杂、分拣难、物流成本高、政策支持不到位等原因，回收企业一直未能有效与综合利用企业对接，大量的居民端旧纺织品无法进入工业循环利用体系。据公开信息显示，中国城市垃圾中的废旧纺织品占总废旧物资的3.5%~4%。因为历史原因，这些废旧衣物却没有像废纸、废金属、废塑料、废玻璃一样归属为生活垃圾或固体废弃物，不能作为废旧物资进行市场交易，导致旧衣物回收、资源化利用产业的很多环节处于灰色地带，限制了工业化生产企业的正规循环利用，造成大量的资源浪费，也存在着二次环境污染的隐患。因此，中国当前迫切需要解决的是消费后的纺织品的资源化利用模式。

国家法律层面，法律不断发展完善，应对不断凸显的垃圾问题。《中华人民共和国循环经济促进法》和《中华人民共和国固体废物污染环境防治法》（2020年4月29日修订版）均强调3R原则在固体废弃物可持续管理中的运用，2014年4月24日经修改后的《中华人民共和国环境保护法》（主席令第九号）和2016年12月25日颁布的《中华人民共和国环境保护税法》（主席令第六十一号）均强调市场手段的运用，强调产业化发展应对固体废弃物的可持续管理需要。《城市市容和环境卫生管理条例》（2017年3月1日修订版）以及一些地方性法规也强调生活垃圾源头分类减量管理体系的构建，国家政策层面更是充分体现了对废弃物资源化利用的重视和扶持力度。大力发展循环经济被写入我国《国民经济和社会发展第十二个五年计划纲要》，提出完善再生资源回收体系和垃圾分类回收制度，推进资源再生利用产业化。

2013年1月，国务院印发《循环经济发展战略及近期行动计划》，提出应推进旧衣物回收，到2015年主要品种再生资源回收率达70%的目标。上海于2014年启动了垃圾收运处置体系与废旧物资回收体系的两网融合，其中的废品回收不仅回收市场可以接受的纸板、报纸、塑料瓶等高值的废品，还接受如旧衣物、废玻璃、快递包装废塑料等市场排斥的低值废弃物。试图通过政策制度修复价值链的方式推进低值废弃物转变物质流向，进入资源化再利用体系，促进静脉产业的发展。这也标志着旧衣物回收正式纳入城市再生资源回收体系。

2017年4月21日，国家发展改革委等14个部门发布了《关于印发〈循环发展引领行动〉的通知》（发改环资〔2017〕751号），明确要求促进再生资源回收利用提质升级，推进废旧纺织品资源化利用，建立废旧纺织品分级利用机制，鼓励企业、行业积极回收废纺进行二次利用，加快了中国废旧纺织品回收产业的发展。

2021年，中国实现全面脱贫，旧衣物捐赠和扶贫的必要性也逐渐减弱，大量的旧衣物进入生活垃圾和废品行列，2021年7月，国家发展改革委印发的《"十四五"循环经济发展规划》指出，资源循环利用已成为保障我国资源安全的重要途径，"十四五"时期将大力发展循环经济，推进资源节约利用，构建资源循环型产业体系和废旧物资循环利用体系。

中国纺织工业联合会在《纺织工业"十二五"发展规划》（工信部〔2016〕305号）中明确提出"减量化、再利用、资源化"理念，逐步建立健全纺织品回收再利用循环体系，制定相关法律法规和标准，设立纺织品回收再利用管理和监控体系。提出废旧纺织品回收与再利用是纺织行业发展循环经济、创建生态文明的重要抓手，"十三五"时期，纺织行业资源节约的工作重点将由"废"转到"旧"的回收再利用上来。提出了资源综合利用两大重点工程（循环再利用化学纤维重点工程和废旧纺织品再利用重点工程）建设，把废旧纺织品功能性、差别化生产技术以及多组分废旧纺织品回收利用关键技术列为再生纤维废料回收行业发展的重点之一。

中国纺织工业联合会于2011年成立了中国纺联环资委，在纺织产业链各环节中推广循环经济理念，推动废旧纺织品回收、物流、分拣、再利用产业链的建设，促进废旧纺织品再利用产业体系机制建设。

2014年，中国纺联环资委率先向全行业、全社会发出"旧衣零抛弃"的倡议，倡导和推动旧衣是可循环利用资源的理念，宣传绿色消费模式，倡导绿色生活方式。零

图2.1 中国纺织工业联合会"旧衣零抛弃"活动标志

废弃的核心就是最大限度地有效利用资源，将废旧资源的浪费降到最少。零废弃既是目标，也是行动计划。图2.1为"旧衣零抛弃"活动标志。

2014年6月，由民政部指导，中国纺织工业联合会、中国生态文明研究与促进会主办的"旧衣零抛弃——中国品牌服装旧衣回收活动"正式启动。在波司登、棉衣工房、雪莲、依文、凯文凯利、水孩儿等品牌三十余家门店和商场、机构开展了回收活动。先后走进学校、社区开展宣传。带动了很多机构、平台、品牌、环卫资源利用企业等开展旧衣回收的行动。

近十年来，中国纺联环资委以"旧衣零抛弃"为主题，组织开展了多个专项行动，包括：品牌行动（迪卡侬旧衣回收资源化利用专项）、羽绒类纺织资源化利用专项、城市行动（酒店布草回收资源化利用专项）等，并联合中国棉纺织行业协会共同发起了"十四五"纺织（牛仔服装）循环低碳发展计划，该计划得到了艾伦·麦克阿瑟基金会（英国）北京代表处的支持。图2.2为"旧衣零抛弃"活动。

第二章 废旧纺织品的回收与再利用

图2.2 "旧衣零抛弃"活动

通过建立行业引领，联合相关机构、品牌、企业相互协作的工作机制，打通产业壁垒，充分调动产业链上下游企业的积极性，相互协作，推动建立"品牌方+回收分拣方+再制造方"联动的资源回收循环利用的模式，开展纺织行业循环化利用路径设计，并对其进行了废旧纺织品回收及资源化环境效益评价，以确保它不会增加纺织业对环境造成的重大影响。并提出了"定向分类回收、分质循环利用"的原则，为建立更有序的、流向清晰的、可追溯的废纺循环利用体系提供技术支撑。废旧纺织品再利用方式和技术路径见表2.1。

表2.1 废旧纺织品再利用方式和技术路径

再利用方式	说明	技术路径
处理后再使用	经清洗、消毒等简单处理后直接再使用，用于捐赠或出口	分拣
加工后再利用	1. 加工成再生纤维，作为纺织或非织原料 2. 简单加工后作清洁布、工艺品等 3. 加工成颗粒后和其他材料混合做成板材	化学法：将废旧纺织品中的高聚物经解聚生成单分子结构，再重新合成新的化学纤维 机械法：不经分离直接把废旧纺织品开发成再生纤维 物理法：在不改变纤维基础化学结构的前提下将其加工成可纺织再生纤维。物理法是目前国内应用较多且再生产品质量相对较高的废旧纺织品回收再利用方法
能源化利用	达不到循环利用要求的废旧纺织品，用于焚烧发电	能量法：将废旧纺织品通过焚烧产生热量，主要用于火力发电

废旧纺织品回收再利用关乎纺织行业能源节约、环境保护、减少碳排放等绿色发展目标，行业的高质量发展离不开强力政策的支持。目前对废旧纺织品回收企业的鼓励政策还不完善，发布的一些文件缺少具体的落实措施。回收企业由于收运、处置成本高，可能会出现成本倒挂的情况，如果没有政府部门给予的合理补贴，将会降低企业回收废旧纺织品的积极性。加之面向民众的宣传不到位、力度不够，导致民众参与废旧纺织品循环利用的意愿不高，很多人将大量闲置的旧衣物存放在家里造成浪费。2018年以来，我国废旧纺织品产生量将继续增长，回收量也将持续增长。越来越多的服装品牌企业履行社会责任加入回收废旧衣物行列中，2022年4月，国家发展改革委会同有关部门印发《关于加快推进废旧纺织品循环利用的实施意见》（发改环资〔2022〕526号，以下简称《实施意见》），《实施意见》明确了三方面的重点任务和目标，到2025年，废旧纺织品循环利用体系初步建立，循环利用能力大幅提升，废旧纺织品循环利用率达到25%，废旧纺织品再生纤维产量达到200万吨。到2030年，建成较为完善的废旧纺织品循环利用体系，生产者和消费者循环利用意识明显提高，高值化利用途径不断扩展，产业发展水平显著提升，废旧纺织品循环利用率达到30%，废旧纺织品再生纤维产量达到300万吨，为纺织品工业资源循环型产业体系指明了方向。

《实施意见》为我国废旧纺织品循环利用产业中长期发展指明了方向。目前，我国废旧纺织品从回收、交易流通、精细分拣到综合利用等环节，还存在着诸多的堵点、痛点，要解决这些堵点和痛点，不能采取"脚疼医脚，头疼医头"的做法，而是要用全生命周期管理的思路，从生产端、回收端、综合利用端等方面考虑，统筹各个环节一齐发力，才能达到加快构建废旧纺织品循环利用体系的目的。

在生产端，《实施意见》针对推进纺织工业绿色低碳生产，提出推行纺织品绿色设计、鼓励使用绿色纤维、强化纺织品生产者社会责任三项工作。

在回收端，《实施意见》针对完善废旧纺织品回收体系，提出完善回收网络、拓宽回收渠道、强化回收管理三项工作。合理布局建设分拣中心和资源化利用分类处理中心，及时精细化分拣和分类处理废旧纺织品；要充分利用"互联网+"回收、生活垃圾分类回收废旧纺织品，探索新型回收模式。鼓励有关行业协会和企业建设废旧纺织品回收及资源化利用信息化平台，整合废旧纺织品来源和数量、利用去向和方式等信息；要规范回收主体及回收行为，指导行业协会加强废旧纺织品回收利用数据统计分析。

在综合利用端，《实施意见》部署了规范开展再利用、促进再生利用产业发展和实施制式服装重点突破三项工作。《实施意见》首次明确了废旧纺织品再利用的工作要求，要规范开展再利用，有序推动旧衣物交易。

《实施意见》还提出要做好宣传引导，通过多种形式宣传废旧纺织品循环利用，加

第二章 废旧纺织品的回收与再利用

强再生纺织品优质宣传。将废旧纺织品循环利用纳入节能环保宣传主题活动,倡导简约适度、绿色低碳的生活方式。开展知名品牌使用再生纤维联合倡议活动,鼓励行业内企业开展创新设计大赛等推广活动,营造全社会共同参与废旧纺织品循环利用的良好氛围。

第三节 国内废旧纺织品回收系统

一、废旧纺织品回收基本流程

经过多年的努力,中国已初步建立废旧纺织品回收系统,并在不断地完善和发展。据不完全统计,中国废旧纺织品回收率约为30%。虽然废旧纺织品的回收率不高,但也看到中国废旧纺织品回收系统正在发挥作用。中国废旧衣服回收和再利用的基本流程如图2.3所示。

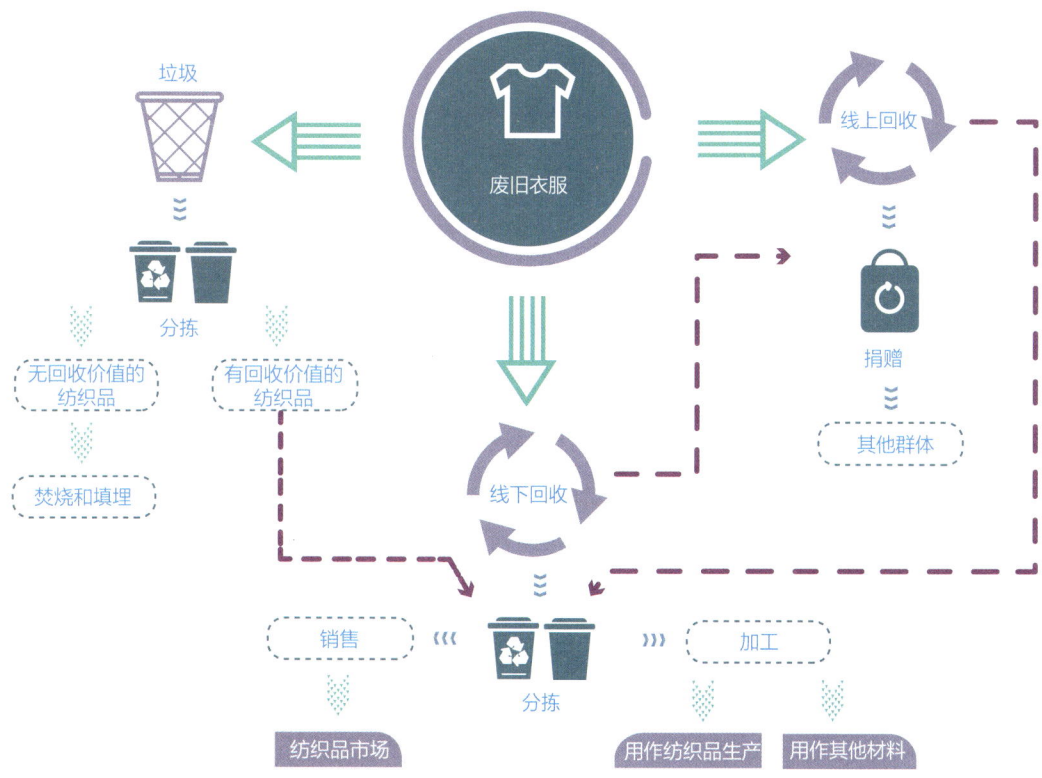

图2.3 中国废旧衣服回收和再利用的基本流程

对于图2.3有以下说明。

（1）分拣环节既包括了整衣的分拣，也包括了衣服的拆解和纤维的分拣。整个废旧衣服回收流程中最重要和关键环节是分拣和加工。分拣和加工决定了废旧衣服的最终用途和回用价值。

（2）加工是对资源的再次利用。加工既包括了作为纺织品原料的加工，也包括了作为其他原材料的加工。

二、废旧纺织品回收系统的特点

目前，中国废旧纺织品回收系统具有以下特点。

（1）废旧纺织品回收系统是以市场行为和企业经营为主，而企业的经营又以营利为主要目标。

（2）废旧纺织回收系统是一个庞大的、以零散分散回收为主的系统。所谓庞大是指该系统已经遍布中国各地。

（3）在回收系统中，回收、分拣和再加工等环节缺少必要的技术规范、技术要求，导致产品质量差异很大，不稳定。同时，再加工过程中消耗的能源和资源较大。

（4）国家出台的各种文件和政策鼓励和支持废旧纺织品回收综合利用，但缺少具体的指引或支持，甚至在项目审批和环评审批等方面仍存在一定的障碍。

（5）废旧纺织品回收和利用所需要的基础技术研究工作未能满足发展形势的要求。

中国废旧纺织品回收系统虽然支撑废旧纺织品回收工作的顺利进行，但是对废旧纺织品回收和利用工作的推广起到一定阻碍的作用。要大力发展废旧纺织品回收和利用就必须摒弃目前回收系统的弊病，建立规范的合理的系统回收和再利用体系。

图2.4是已回收准备进行再加工的废旧纺织品。

图2.4 已回收准备进行再加工的废旧纺织品

图2.5是正在分拣的废旧纺织品。

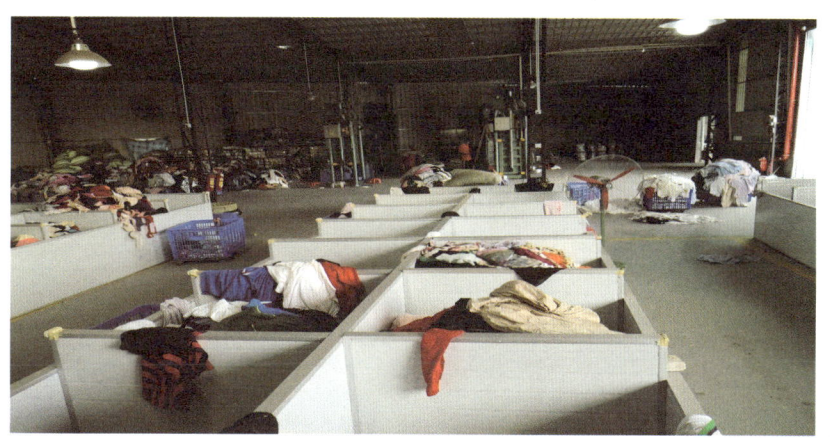

图2.5　正在分拣的废旧纺织品

第三章

牛仔服装行业的发展与现状

Development and Current Status of Denim Industry

第一节　牛仔服装行业的基本情况

牛仔服装在20世纪60年代中后期开始引入中国，牛仔服装生产设备和技术是20世纪80~90年代大量引进的，并且是从香港引进为主。经过几十年的发展，中国已成为国际上牛仔服装的重要生产国，多数行业先进牛仔面料、牛仔服装企业在产品的质量和品种方面已基本达到国际水平。2022年，中国牛仔布产能规模达到50亿米，中高端产品占全球50%以上，出口额为21.56亿美元（海关统计数据）。

2022年，中国纺织工业联合会产业部对中国牛仔服装生产状况进行调研。中国纺织工业联合会产业部、艾伦·麦克阿瑟基金会（英国）北京代表处、中国棉纺织行业协会牛仔布分会、广东弘禹环保科技有限公司、佛山低碳清洁生产协会等单位参与了调研工作。此次调研选择产业比较集中地区的代表企业，进行了现场走访和考察，包括牛仔面料生产企业、牛仔服装生产企业、生产设备制造企业和纤维再造企业等，通过企业考察、座谈交流、专家咨询、线上交流讨论和问卷调查等方式结合，获取有效样本50个。本章将以本次调查的结果为基础，结合纺织行业整体情况，分析中国牛仔服装行业的发展现状。

一、产业分布

中国牛仔服装生产集中在广东、浙江、江苏、山东和河北等省份。在本次调研中，广东企业占比60%。随着中国经济和社会发展的变化，牛仔服装的生产已经逐步向多个省份转移，其中有河北、湖南、广西和江西等省份。图3.1是本次调研中生产企业的区域分布占比。

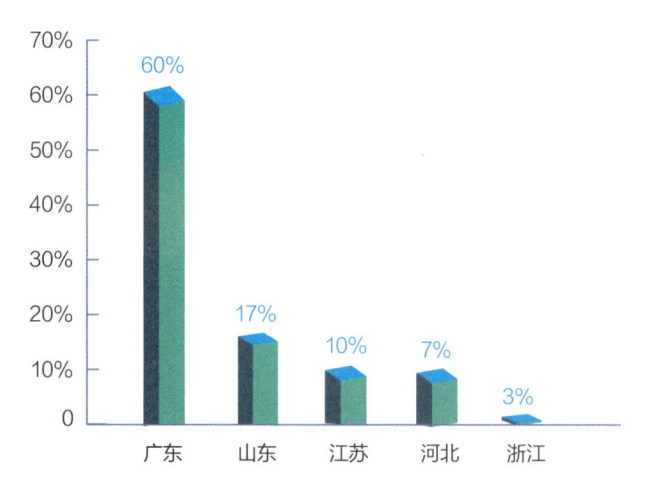

图3.1　生产企业的区域分布占比

随着国家环保政策及对工业企业发展园区化的管理的要求，"十三五"随着产业经济绿色转型升级，中国纺织印染企业逐步从东部向中西部转移，多数企业已搬迁至工业园区，尤其是浆染纱生产、后整理生产和水洗生产企业，要求必须进入工业园区。目前，只有少数牛仔生产企业在工业园区外，但也进行了技术装备的升级和改造，达到了相关的环保要求。本次调研中，入园企业占比超过70%。进入园区的企业使用园区提供的蒸汽，提高了能源的利用效率，减少了能源的消耗；企业的生产废水由园区废水处理厂集中处理。部分企业在进入工业园后使用了园区提供的回用水，有的企业回用水使用量可以占生产用水量的60%以上，大幅减少了对原生水的消耗。

二、原材料使用

1. 纤维

随着纺织科技的进步，新型合成纤维、生物质纤维广泛应用于牛仔服装产品设计中。牛仔服装的纤维原料已由100%棉，逐渐发展到多种纤维混纺，如氨纶、涤纶、锦纶、天丝、聚乳酸（PLA）等纤维材料，在牛仔面料中非棉纤维的比例逐年增高。经过改性的涤纶因柔软悬垂、冬暖夏凉，是四季理想的牛仔服装纤维原料。以涤纶为主的各类仿真、差别化纤维的开发，为涤纶纤维在牛仔服装中的应用提供了更大的使用范围。企业加大了绿色产品设计的力度，通过使用更多品种的再生材料，降低产品碳排放，绿色纤维产品使用比例增大，企业开发绿色低碳产品数量呈上升趋势。图3.2是调研中使用不同纤维的企业占比情况。

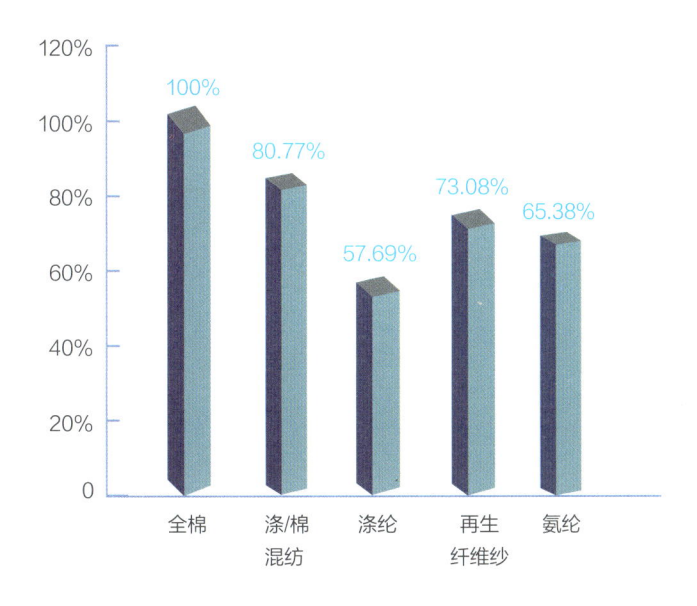

图3.2 使用不同纤维的企业占比情况

从图3.2可见，使用氨纶的企业占比超过60%，表明牛仔弹力品种已经十分广泛。

2. 染料

染料主要是靛蓝染料和硫化染料，其他染料仅用于特殊情况的修色或补色，使用量很少。调研的企业均使用靛蓝染料（固体），70%以上的企业通过自动调浆、自动配液等智能化技术装备的升级，精准控制以减少化学品的使用。其中73.08%的企业直接购买了液体靛蓝染料，部分企业自主研发氢还原靛蓝装备、引进电解靛蓝染液制备设备，使用更环保的靛蓝染料。使用不同染料的企业占比情况如图3.3所示。

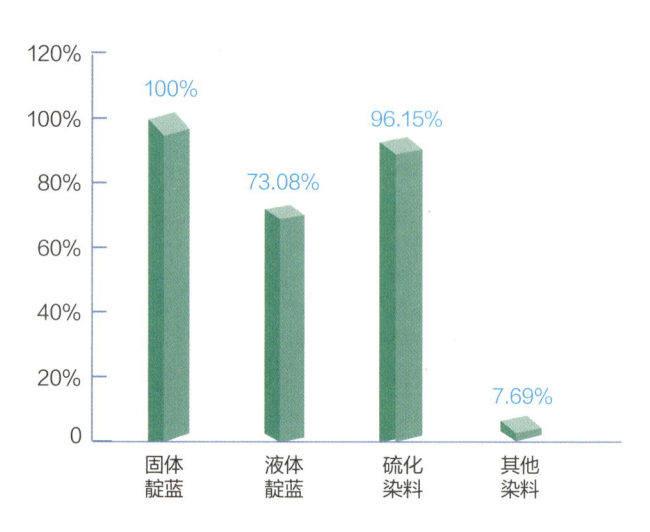

图3.3 使用不同染料的企业占比情况

在浆染纱生产中，染液是循环使用的，染料的利用率可达到93%以上。在调研中部分企业通过自主研发新的装备，提高了染液的上染率，减少浆料的使用量。

3. 浆料

使用不同浆料的企业占比情况如图3.4所示。

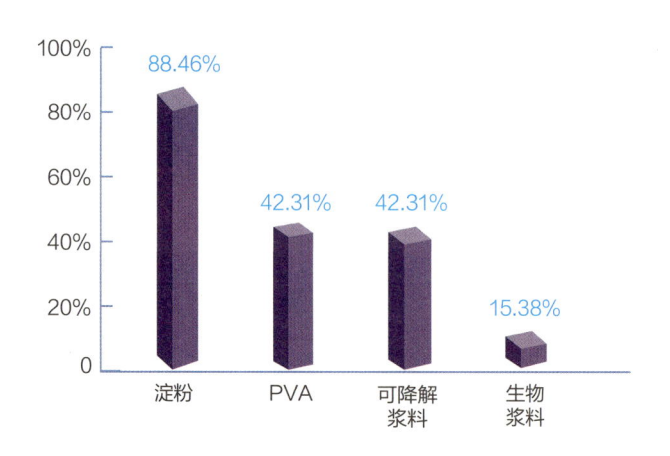

图3.4 使用不同浆料的企业占比情况

随着发展循环经济，行业逐步实现了绿色转型升级，大部分企业开始选择更环保的可降解淀粉类浆料替代PVA浆料。目前行业中，使用PVA浆料的企业占比大于40%，使用生物浆料的企业占比约为15%。使用可降解浆料的企业数量虽然呈增长趋势，但是调研中了解，可降解浆料的使用比例还是偏低。

三、生产工艺流程

牛仔服装生产工艺流程有浆染纱、织布、后整理、制衣和水洗。

1. 浆染纱

纱线的浆染是牛仔面料生产最重要的环节之一，也是对节能减碳影响最大的环节。浆染纱生产工艺主要分为两种，一种是片染加工工艺，另一种是束染加工工艺。浆染纱生产工艺流程如图3.5所示。

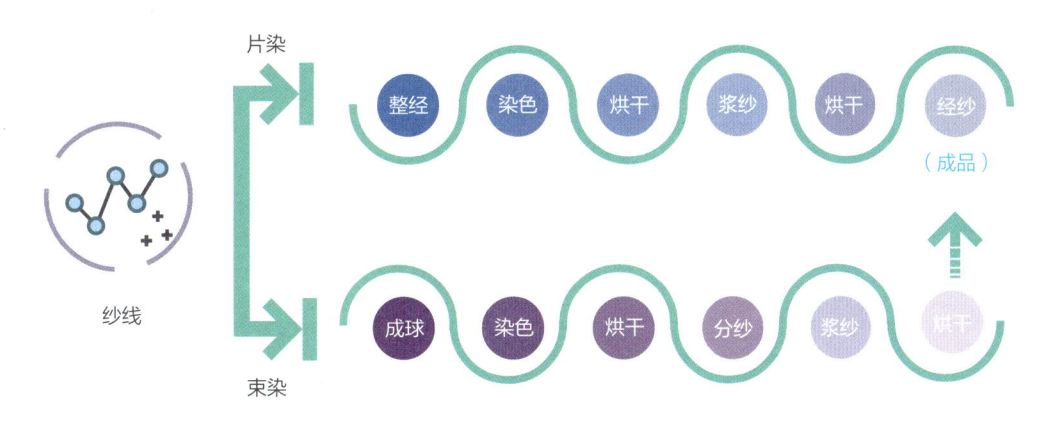

图3.5　浆染纱生产工艺流程示意图

片染和束染在产品质量和性能方面有所不同，生产能耗和水耗也有差异。在大容量束染生产过程中，能耗和水耗低于片染，而在小容量的情况下，片染的能耗或水耗比束染更低。调研结果表明，生产企业基本以片染工艺为主，部分企业还增加了束染工艺。

2. 织布

牛仔面料的织造以剑杆织机为主，喷气织机少比例使用，企业通过设备更新换代，通过应用更高效、更节能的自动化高速织机，提高生产效率。其中，76.5%的企业使用了新型剑杆织机，23%的企业使用国际先进的自动化喷气织机，有26.7%的企业使用了自动穿综机，随着织造自动化水平的提高，企业在产品质量和生产效率大幅提升的同时，降低了生产工人的劳动强度和能源消耗。

3. 后整理

牛仔面料后整理的常规工序有：烧毛、退浆、丝光、磨毛、预缩和定形。随着产品品种的变化以及节能降耗的需要，生产企业根据实际情况和产品需求缩短生产流程，提高生产效率。目前，100%的企业都有使用烧毛，而使用碱丝光的企业仅占52.17%。使用不同后整理工艺的企业占比情况如图3.6所示。

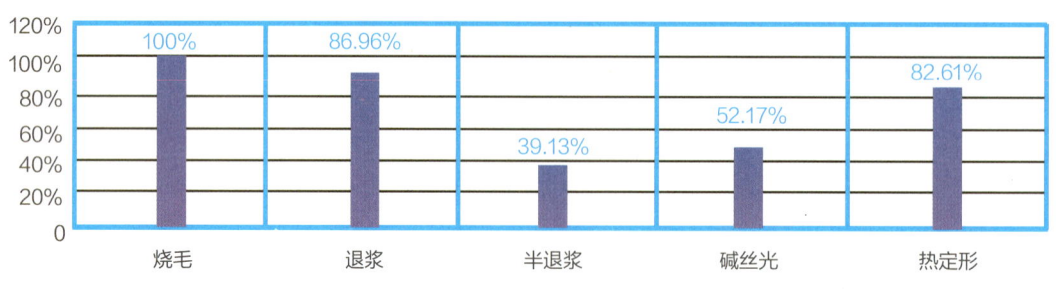

图3.6　使用不同后整理工艺的企业占比情况

（烧毛 100%；退浆 86.96%；半退浆 39.13%；碱丝光 52.17%；热定形 82.61%）

从图3.6可见，根据下游客户要求及产品特点，有39.13%的企业采用半退浆工艺，半退浆工艺是节能降耗效果比较明显的工艺。

4. 制衣和水洗

生产不同牛仔服装品类的企业占比情况如图3.7所示。

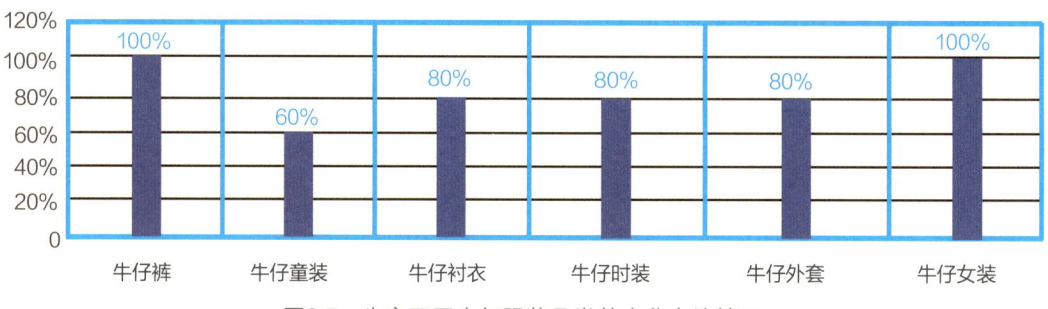

图3.7　生产不同牛仔服装品类的企业占比情况

（牛仔裤 100%；牛仔童装 60%；牛仔衬衣 80%；牛仔时装 80%；牛仔外套 80%；牛仔女装 100%）

从图3.7可以看出，牛仔裤仍是牛仔服装的主打产品，100%的企业都生产。令人感到意外的是100%的企业都生产牛仔女装。

近十年来，牛仔服装水洗工艺有较大的变化，导致到生产所需要的能耗、水耗和有毒有害原材料的使用量显著下降。图3.8是使用不同水洗工艺和设备的企业占比情况。

从图3.8可以看出，生物酶水洗、立式水洗机、环保浮石水洗以及臭氧无水等清洁生产工艺和设备的使用企业均不少于60%，部分达到100%。

在较长的时间里，牛仔服装的修饰工艺和生产现场受到公众关注。近年来，企业通过绿色转型升级，改善了生产环境，广泛应用激光镭射设备进行牛仔布和牛仔服装的修饰，替代了传统喷砂等工艺。图3.9是改进后的牛仔服装修饰车间，图3.10为牛仔服装激光镭射表面修饰设备。

第三章　牛仔服装行业的发展与现状

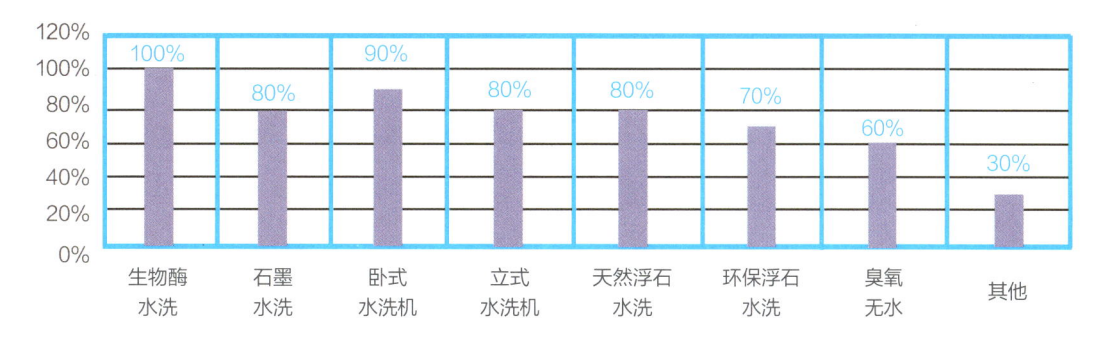

图3.8　使用不同水洗工艺和设备的企业占比情况

（生物酶水洗 100%、石墨水洗 80%、卧式水洗机 90%、立式水洗机 80%、天然浮石水洗 80%、环保浮石水洗 70%、臭氧无水 60%、其他 30%）

图3.9　改进后的牛仔服装修饰车间

图3.10　牛仔服装激光镭射表面修饰设备

第二节　牛仔服装生产能耗和水耗

牛仔服装行业经过多年的清洁生产和节能减排工作的开展，生产能耗和水耗有较大幅度的下降。牛仔服装行业的水回用率和重复利用率位于纺织印染行业前列。表3.1是本次调研中牛仔服装部分生产工序的能耗和水耗数据统计。

表3.1　牛仔服装部分生产工序的能耗和水耗

产品或工序	能耗范围	中位值	水耗范围	中位值
牛仔面料	0.93~33.62 tce/10^4m	3.93 tce/10^4m	46.67~2025.39 m^3/10^4m	182.31 m^3/10^4m
面料后整理	1.40~1.45 tce/10^4m	1.41 tce/10^4m	60.65~85.84 m^3/10^4m	65.51 m^3/10^4m
牛仔服装水洗	0.29~76.46 tce/万件	5.23 tce/万件	1649.84~9880.53 m^3/万件	1649.84 m^3/万件

注　1tce=292.71GJ。

对于表3.1有以下说明。

（1）由于部分产品或工序样本数不够，没有将其能耗和水耗统计在内。

（2）表3.1中牛仔面料生产和牛仔服装水洗的能耗差距很大，主要原因是产品品种不同以及部分的生产工序不同。例如，部分企业牛仔面料的能耗数据中没有包含织布的能耗，而部分企业又包含织布能耗，导致差异增大。牛仔面料生产和牛仔服装水洗的水耗差异很大的原因还与企业所处在的园区情况有关。例如，牛仔服装水洗企业中水耗最大的两个企业所处在园区没有水的回用，甚至限制企业在生产过程中水的重复利用，导致水耗比其他企业大几倍。

第三节　牛仔服装循环可持续发展的情况

在本次调研中，生产企业对循环经济的认识及参与情况也是调研的内容之一，它从某个方面反映出行业循环可持续发展的情况。有关结果如图3.11~图3.13所示。

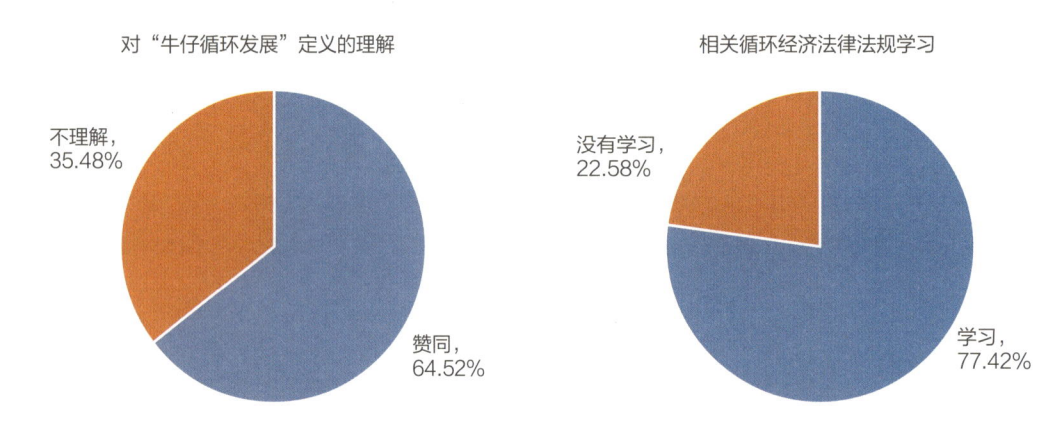

图3.11　生产企业对循环经济的认识与学习情况

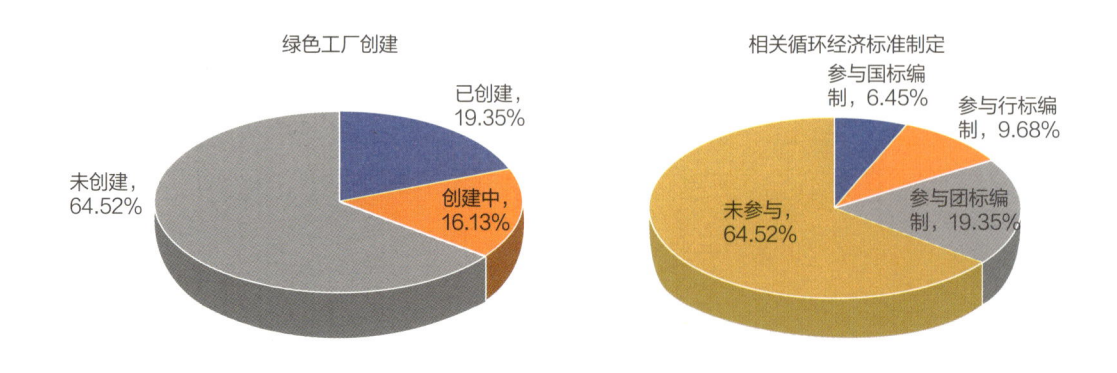

第三章 牛仔服装行业的发展与现状

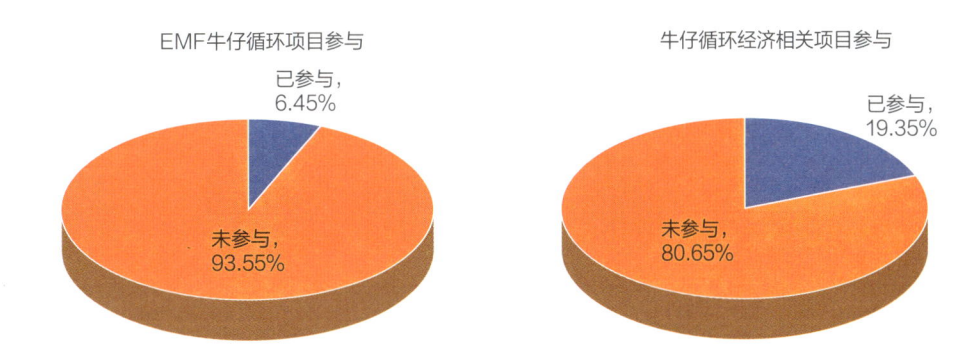

图3.12 生产企业参与相关循环经济工作情况

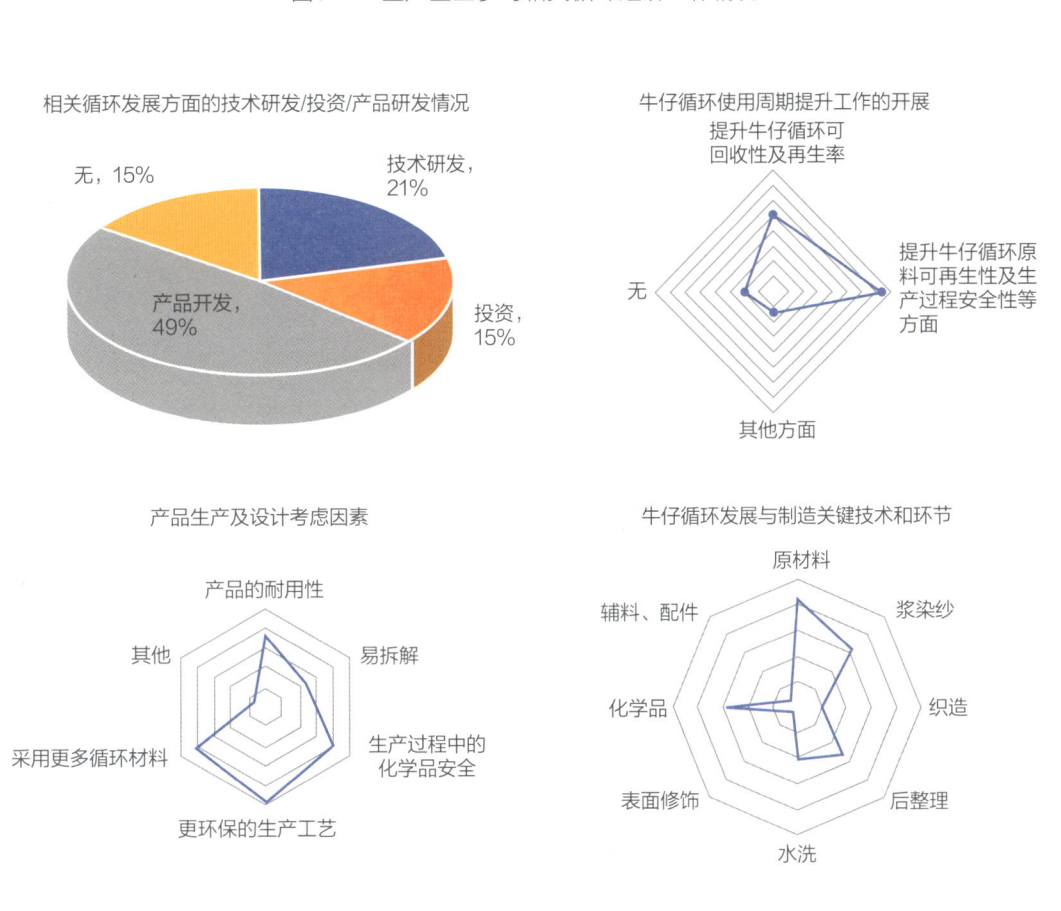

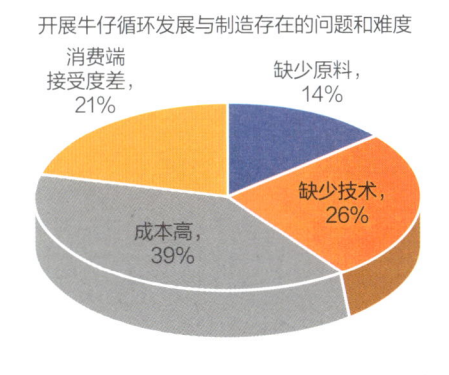

图3.13 生产企业相关循环经济工作开展情况

031

综合以上情况，有以下的结论。

1. 坚持3R原则，资源综合利用率大幅提高

企业通过坚持"资源开发与节约并重，把节约放在首位"的方针，大力节能、节水、节材，减少资源消耗；推行全面清洁生产，加大节能环保技术创新和装备应用，从源头做到遏制污染物的产生；通过大力开展资源综合利用，最大限度地利用资源，将生产过程中的蒸汽进行回收和梯级利用，加大水的循环利用，对生产过程中产生的废纱、废棉将进行回收与资源化利用，大幅提高了企业的资源循环利用率。

2. 贯彻绿色低碳发展理念，绿色产品创新比例提升

企业积极响应国家"双循环"发展战略，以低碳、节能为重点，积极践行绿色发展理念，环保意识、生态安全意识以及可持续发展的意识大幅提升，60%以上企业通过坚持在源头上推行绿色工艺，环保染料、浆料得到了广泛的应用，加强在科技含量高、附加值高的绿色产品方面的研发投入，增加绿色纤维材料的使用，提高绿色产品设计人才的储备，提高绿色产品的创新能力。部分龙头企业的绿色产品设计达到了国际领先水平，目前，中国的牛仔布产量占全球中高端牛仔布产量的50%。

3. 提高循环经济发展认识，行业引领加强宣传引导

通过此次调研走访企业，与企业的管理层、技术人员进行交流发现，部分企业虽然没有参与品牌、行业相关循环经济项目，但是大部分企业通过行业内部、与供应链上下游开展了技术研发、投资和产品研发等工作，企业的管理者对绿色、低碳、循环发展的认识是明确的，都认为打造循环经济是制造体系升级的重要方向，但是他们也表示对国内外政策、品牌的循环发展目标及要求等方面缺乏认识，只对与企业相关的部分内容有所了解。以艾伦·麦克阿瑟基金会发起的"牛仔再造"项目为例，主要参与方皆为国际品牌或贸易商，中国企业参与有限，这是由于中国牛仔服装企业多为生产加工型企业，如果上游品牌没有直接的要求和说明，企业也不太了解"牛仔再造"项目的具体内容。在"双碳"背景下，生态文明建设与低碳发展更加深入人心，实现纺织行业低碳循环发展的任务越来越紧迫。中国相关部门相继发布文件，明确了纺织行业的循环发展目标，到2025年废旧纺织品循环利用体系初步建立。在欧洲，循环时尚已被越来越多的企业提上日程，欧盟也发布了一项关于生态设计标准的倡议，即新的《欧盟可持续和循环纺织品战略》，将纺织行业作为循环经济发展的重点领域之一，并提出今后将对产品的设计、生产方式进行监管。因此生产商必须对价值链上的产品负责，只有这样循环纺织品生态系统才会建立。为此，需要行业协会和相关机构加大产业生产端企业的宣传引导，为中国企业走出去参与产业链协同发展创造更多途径和机会，助力更多的品牌企业向循环经济和循环时尚转型。

第四节　牛仔服装回收和再利用的现状

牛仔服装回收和再利用是中国废旧纺织品回收和再利用的一个组成部分，它不是一个独特的系统或体系，而是融入中国废旧纺织品回收和再利用系统。据不完整的调研信息显示，在回收的服装或纺织品中，牛仔服装所占比例小于20%。在已回收的牛仔服装中，用于捐赠和销售所占的比例高于一般的服装或其他纺织品，而再利用的比例较低。这与牛仔服装所用的染料种类有一定关系，使用硫化染料和靛蓝染料的面料或纤维在再利用过程中脱色难度较大。

第五节　牛仔服装循环可持续发展的难点与方向

一、牛仔服装的特点

在纺织品或纺织服装范围里，牛仔服装具有明显的特殊性，这些特殊性将影响到牛仔服装的回收和再利用。

1. 数量较大

与其他服装类别相比较，例如，西服、衬衫等，牛仔服装作为单一品种，其数量是最大的。这一特点就是牛仔服装作为单一品种开展循环可持续发展项目的前提。

2. 所含纤维成分较为简单

虽然用于生产牛仔服装的纤维有多种纤维，但就具体的一件牛仔服装所用的纤维较为简单。例如，大多数牛仔裤只有棉或涤。

3. 适用性广泛

牛仔服装已被广大消费者、品牌所认同，适用于各种人群。几乎所有的人都有牛仔服装。因此，牛仔服装开展循环可持续发展的项目具有较好的群众基础。

4. 可使用再生纤维

牛仔服装的纱支组成、颜色以及布面处理都有一定的特点，具有使用再生纤维的有利条件。

5. 工序较多，周期较长

牛仔服装生产的工序较多，周期较长，牛仔服装生产过程很有必要开展减量化的工作。

由于牛仔服装具备有以上的特点，在牛仔服装行业开展循环可持续发展项目具有重要意义。

二、牛仔服装回收和再利用的难点

牛仔服装的回收和再利用包括了牛仔服装的回收、拆分、分拣、纤维的再利用以及牛仔服装的再利用。牛仔服装实施回收和再利用存在着一定的难点，主要有以下几点。

1. 牛仔服装分散难回收

由于牛仔服装适用的广泛性，使用后的牛仔服装十分分散，牛仔服装的回收是第一个难点。

2. 配饰不易拆卸

牛仔服装上部分装饰和配件的不易于拆卸或无法回收再用，影响到拆分和再利用。

3. 纤维分离困难

牛仔服装所含的纤维种类不多，但纤维的分离比较困难。纤维的分离决定了纤维的再利用。例如，弹力牛仔裤中含有氨纶，若氨纶纤维从棉或棉涤混纺中分离出来，则其纤维不宜再用于牛仔服装的原料。若回收后的纤维不用于纺织品或牛仔服装，而用作其他的材料，纤维的分离可以不用太彻底。

三、牛仔服装循环可持续发展的方向

根据国际循环经济发展的要求，结合国际和各国有关政策和法规以及有关组织所开展的可持续发展项目的情况，牛仔服装行业循环可持续发展有以下几个方向。

1. 减量化

减量化就是要在牛仔服装设计、生产、采购、流通、销售、使用以及废弃等过程中减少能源、水、化学品和包装材料的消耗。

2. 再利用

再利用就是在牛仔服装设计、生产、流通、销售、使用以及废弃等过程中充分利用在各个过程中产生的废弃物或已使用过的物品，减少新鲜资源的消耗。例如，将生产过程中产生的次品，经过加工，用作生产原料或改为其他的牛仔产品。

3. 资源化

资源化包括了两个方面，一是在牛仔服装设计、生产、流通等过程，将牛仔服装以及衍生的各种废弃物作为资源化的来源，例如，将废旧的牛仔服装加工成纱线，用于牛仔服装或其他纺织品的使用；二是在牛仔服装设计、生产、流通等过程中将其他品种的废弃物作为牛仔服装生产的原材料，例如，将制衣的下脚料和废旧的针织服装制成纱线，将此纱线用于牛仔服装的生产。

4. 环境友好

就是在牛仔服装设计、生产、流通、销售、使用以及废弃等过程中减少对环境的不良影响，减少对人体健康的不良影响。例如，选用环保化学品、在厂区或对外运输时使用电车。

5. 延长产品使用周期

延长产品使用周期本质上是减少了资源的消耗。延长产品使用周期不仅要体现在产品设计上，还与产品生产息息相关。例如，牛仔裤的耐磨性等就与产品的使用周期有关。

第六节　牛仔服装再造项目

一、项目的发起和背景

艾伦·麦克阿瑟基金会于2017年发布了报告《新纺织经济：重塑时尚的未来》，制定了纺织品行业的目标和行动，通过改变服装材料的设计及使用模式来减少负面影响，也为后续循环时尚的倡议奠定了坚实的基础。

2018年，基金会在哥本哈根时装峰会上提出"循环时尚（Make Fashion Circular）"倡议。该倡议汇集了整个时装产业的各界人士，包括品牌商、城市、慈善家、非政府组织和创新者。该倡议致力于领导全球时装产业向循环经济转型，从源头避免浪费和污染。在循环经济中，服装由安全且可再生的材料制成，新的商业模式增加其使用次数，并且旧衣服可以被制成新衣服。

2019年2月，"循环时尚"倡议汇聚诸多行业专家进行深入研讨，共同测试并提出了一个有关牛仔服装设计和生产的共同愿景，并形成一套行业指南。指南由来自品牌商、制造商、面料商、收集方、循环利用企业和学术机构的行业专家共同制定，引导服装行业以指南为起点，按照循环经济原则设计和生产牛仔服装。

《牛仔再造指南》第一版于2019年7月发布，主要分为耐用性、面料安全性、可回收性和可追溯性四个部分。超过70家机构按照循环经济原则制造牛仔。第二版与基金会发布的"循环时尚"倡议中提出的三大重点领域相结合，并得到了时尚产业领先机构的大力支持。牛仔的设计应考虑三大重点领域的要求，可以更多次被使用、为再造而造、由安全的回收再生或可再生材料制成。到2021年，参与牛仔循环再造项目的企业达到近百家，生产超过50万条符合要求的牛仔裤，并推向市场。虽然推入市场的再造牛仔裤数量不多，但这是牛仔循环再造的开始和尝试，证实牛仔再造技术的可行性，为未来扩大牛仔再造范围提供经验和方向。

二、《牛仔再造指南》

1.《牛仔再造指南》的原则

《牛仔再造指南》（以下简称《指南》）推崇的原则是循环经济原则，就是要在服装生产过程打破目前"获取—制造—废弃"的线性经济模式，旨在重新定义增长的重点是创造积极的社会效益。以下面三项原则为出发点：消除废弃物和污染，循环产品和材料，促进自然系统再生。具体到牛仔服装生产方面，希望牛仔产品可以在设计之初就考虑：可更多次被使用，为再造而造，由安全的可回收利用或可再生材料制成。

2.《牛仔再造指南》的内容

（1）耐用性：耐用性是指实体产品在其设计寿命内进行正常损耗时，在不需要额外维护或维修的情况下维持其功能的能力。耐用性还包括物理耐用性和情感持久度两个方面。《指南》给出的具体耐用性指标包括至少能够承受30次家庭清洗和在服装上清楚标明牛仔保养事项，例如，低温洗涤、避免滚筒烘干。

（2）可回收性：可回收性是指当产品及其组成部分不能再被重复利用或修复时，其材料能被继续使用的能力。《指南》一方面提出牛仔的设计和制造应便于有效拆分、再制造或回收利用，如面料总成分中纤维素纤维的质量应至少占比98%、确保添加到织物上的任何部件都应易于拆分等；另一方面总结出牛仔收集和分类实践的经验，如RFID、二维码和可追踪纤维技术等，以便对其进行重复使用、重新制造和循环使用。

（3）面料安全性：是指组成产品的材料和其他物质，以及在生产过程（包括从原材料生产到用后的处理的流程）中使用的材料和其他物质对人体健康和环境的安全性。要提高面料的安全性，首先必须使用可再生的种植方法（或在短期内有机或转型期方法），并利用安全的替代物杜绝生产过程中使用的有害化学药剂，这些措施确保面料能够安全进入生物循环回归自然或得到循环再生。对牛仔的生产过程而言，生产牛仔所采用的化学品应至少符合危险化学品零排放（ZDHC）计划发布的《生产限用物质清单》（MRSL）1级别；禁止使用传统的电镀部件、石磨、高锰酸钾（PP）和喷砂工艺；面料商执行ZDHC废水指南并至少遵守其中的基础限制；牛仔布的用水量最高可达30L/m，牛仔面料则由可再生和回收再生材料制成。例如：从再生、有机或转型农业方法中获取的纤维素纤维；每件服装面料总成分中（对于面料商）或在纺织品总成分中（对于品牌商、零售商、服装制造商）的再生成分平均占比（按重量）至少达到5%。

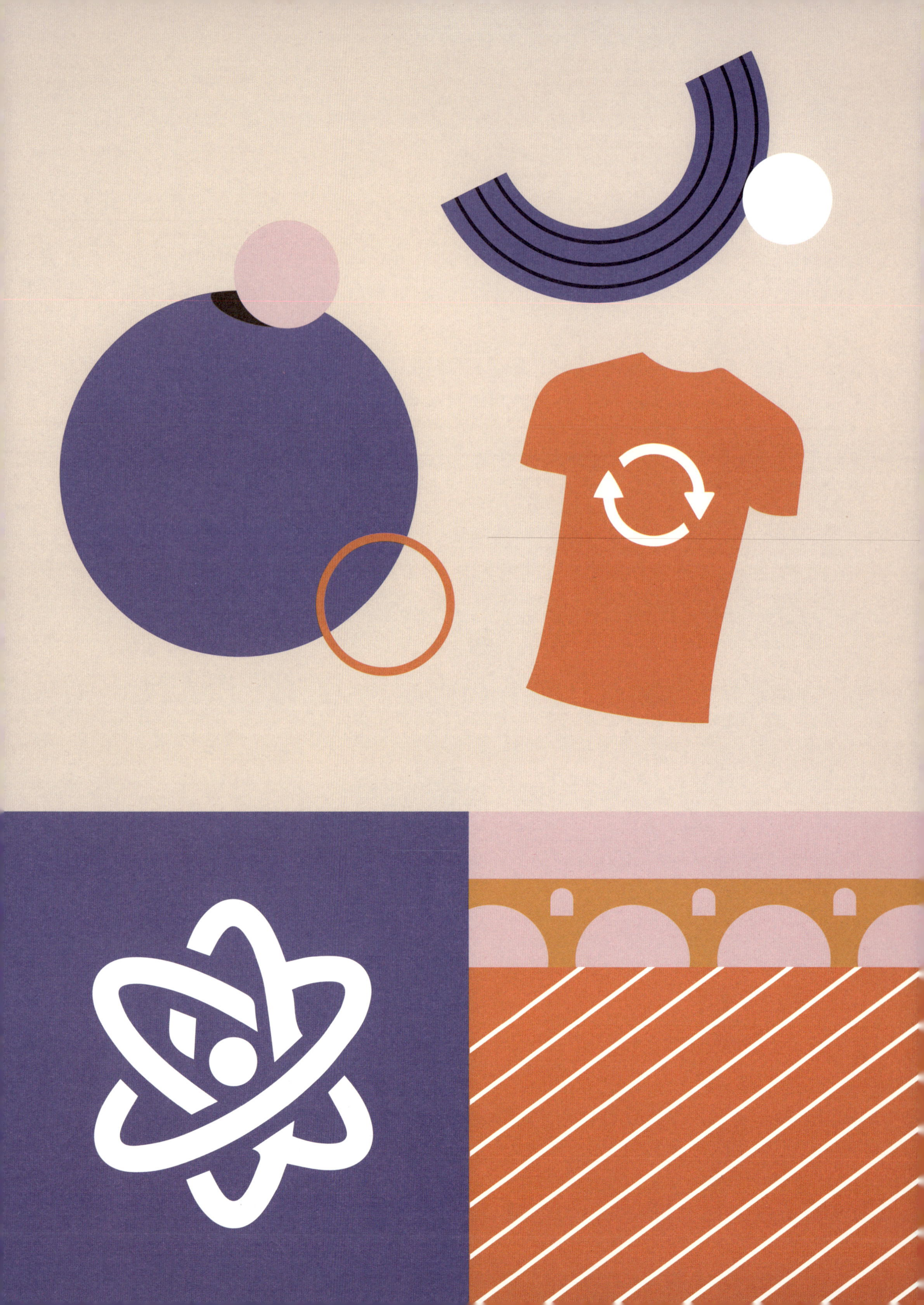

第四章

牛仔服装行业循环经济体系

Circular Economic System
of Denim Industry

第一节 牛仔服装产业链

牛仔服装行业的产业链包括纤维制备、产品设计等九个环节。牛仔服装行业的产业链如图4.1所示。

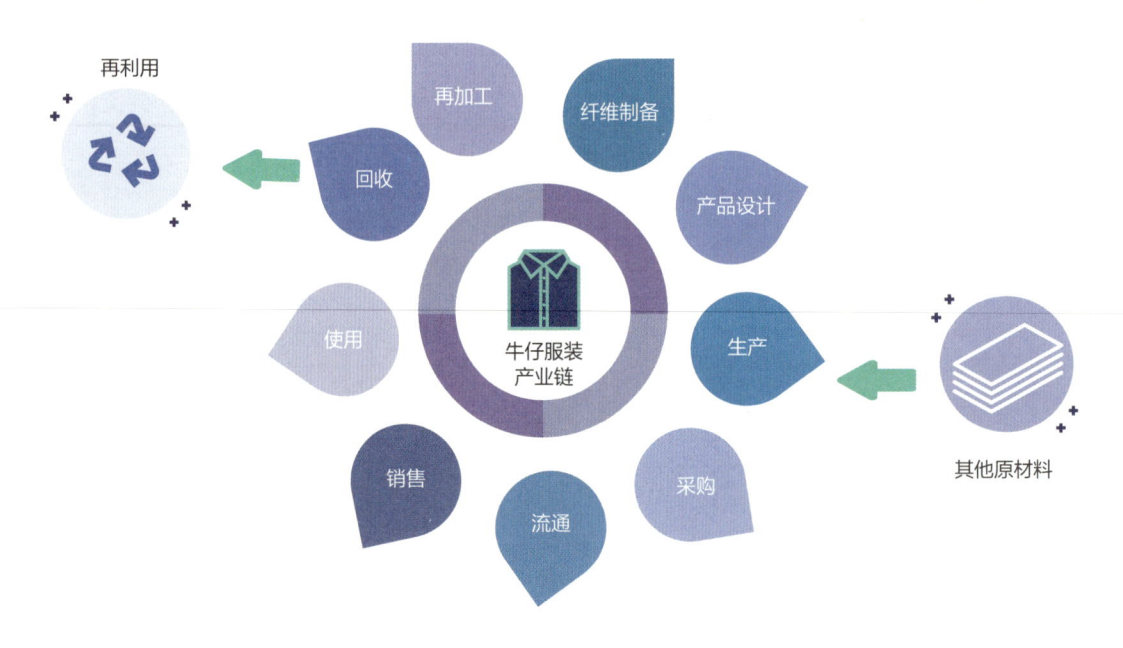

图4.1 牛仔服装产业链循环

从图4.1可见，牛仔服装产业链是一个封闭环。封闭环与外界有物资和能源的交流。外界交流的物质仅限于生产和销售牛仔服装所需的物质，例如，生产过程的能源和染化助剂，不含其他废旧物资的介入。牛仔服装产业链可以分成三个层次的循环经济体系，即生产环节循环经济体系、生产—流通环节循环经济体系和产品再生循环经济体系。

第二节 牛仔服装产业链各环节的影响

在牛仔服装产业链中各个环节对循环可持续发展的影响有所不同，有直接的作用或影响，也有对后续或最终产品的影响（间接影响）。表4.1是各个环节产生影响的定性分析。

第四章　牛仔服装行业循环经济体系

表4.1　产业链各环节对循环可持续发展的影响

环节	减量化		再利用		资源化		环境友好		延长产品生产周期	
	直接	间接	直接	间接	直接	间接	直接	间接	直接	间接
纤维制备	√	*	√	*	√	*	√	×	√	×
产品设计	√	*	*	*	*	*	*	×	√	*
生产	√	*	√	*	√	*	√	×	*	*
采购	*	*	×	×	×	×	×	×	×	×
流通	*	×	×	×	×	×	×	×	×	×
销售	*	×	×	×	×	×	×	×	×	×
使用	*	*	×	×	×	×	*	×	×	×
回收	*	*	√	*	√	*	√	*	×	×
再加工	√	*	√	*	√	*	√	*	√	*

注　√表示有显著影响；*表示有不显著的影响；×表示影响作用不大。

从表4.1可见，纤维制备、生产和再加工是直接影响最大的三个环节。

第三节　生产环节循环体系

一、生产环节与流程

牛仔服装生产环节中包含的主要生产工序和流程如图4.2所示。

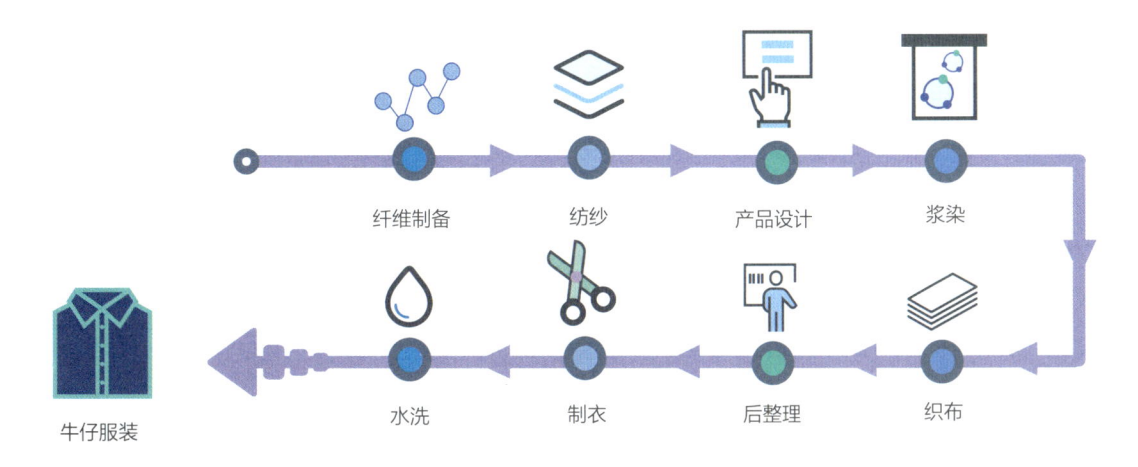

图4.2　牛仔服装生产环节中包含的主要生产工序和流程

041

典型的牛仔裤生产流程如图4.3所示。

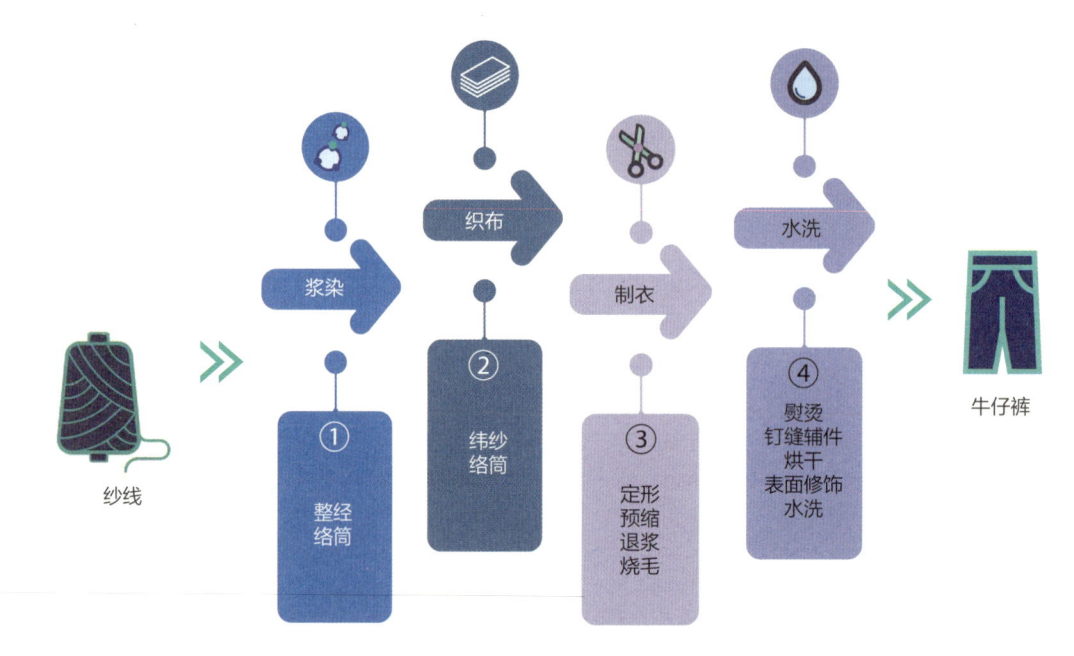

图4.3　典型的牛仔裤生产流程示意图

实际生产过程，除了以上列出流程外，还有研发部、仓库、厂内运输、动力、水净化和处理等部门或车间的配合，这些部门和车间都需要消耗能源、水和其他资源。

二、产品设计

产品设计在牛仔服装循环可持续发展中起到决定性的作用。产品设计主要涉及以下方面。

1. 原材料的选用

原材料的选用对产品性能、生产过程中资源消耗及环境污染、产品废弃后的处置等产生直接影响。产品设计者应从原材料的环境友好型、材料可回用性、生产工艺资源消耗水平、产品性能要求等方面选择最佳原材料。

2. 生产工艺的设计与选择

生产工艺路线直接决定产品生产过程的资源和能源消耗。生产工艺的设计与选择既要满足产品质量的要求，又要消耗最小的能源和资源。要满足这一点，常常需要上下游工序的配合和衔接。例如，在后整理中运用半退浆工艺，对应的水洗工序就需要有相应的工艺改进。

3. 产品性能

提高产品的质量势必要增加生产过程的能耗和资源消耗。如何既保证产品质量和产品的多次使用性，又要不大幅度增加能耗和资源消耗。在牛仔服装循环可持续发展要求中要综合考虑产品耐用性和可回用性，例如，要求在不大幅度增加能耗和资源消耗的基础上，产品要承受30次家庭清洗（参照《牛仔再造指南》）。

4. 产品包装

产品包装是产品设计的一部分。产品包装在产品运输、产品销售以及产品推广方面都起到重要作用。产品包装设计要杜绝产品的过度包装，选择可回收和可再利用的材料。

三、生产环节的能源和资源消耗

1. 能源消耗种类

牛仔服装生产过程中需要消耗热能和电能。热能的来源不同导致能源消耗种类多样化。牛仔服装生产企业的能源消耗情况可见表4.2。

表4.2　牛仔服装生产企业的能源消耗情况

能源种类	能源来源	消耗方式
电能	外购电力	经过变压后使用或直接使用
	太阳能光伏发电	直接使用，用于生产或公共照明
蒸汽	外购或自产	直接使用或加压后使用
煤	外购	用于产生蒸汽或导热油
天然气	外购	用于锅炉燃料或定形机、烧毛机等设备燃料
柴油/汽油	外购	用于运输或应急发电、锅炉起火等
热水	外购/太阳能加热	用于生产或空调

从表4.2可见牛仔服装生产企业能源种类较多。随着生产企业入园，企业的能源消耗种类将会减少，以蒸汽为主。

2. 能源消耗的特点

牛仔服装生产过程，各个工序所需要电力和热能的比例有所不同。表4.3是部分工序电耗和热耗的比例。

表4.3　牛仔服装部分生产工序的能耗比例

生产工序	电能占比范围	热能占比范围
织布	65%~93%	0.5%~35%
浆染纱	8%~14%	86%~94%
水洗	18%~23%	77%~83%

除个别生产工序外，大多数生产工序中，热能占比较大。生产过程中节能的重点工作在于节约热能。

3. 水的消耗

在牛仔服装生产过程中，水的消耗具有以下特点。

（1）各个生产工序的耗水量差异较大，例如，织布工序和制衣工序的耗水量较小，而浆染纱工序和水洗工序耗水量较大。

（2）水的用途较广。在牛仔服装生产中，需要工艺用水（如浆染和水洗），也需要改善环境的用水（如织布的除尘用水）。

（3）在牛仔服装生产过程中，水重复利用率较高，主要是在浆染纱生产中染液的循环重复使用、各个用汽设备冷凝水的回收利用、烧毛和烧碱溶解过程的冷却水重复利用、水洗工序的回用水以及环保设施的用水。

（4）水洗过程的用水和水的回用是牛仔服装生产水用的一大特点。水洗后废水中污染物浓度较低，易于处理；而水洗中用水的水质要求不是太高。一般的生化—物化处理就可以达到需要的水质要求。水洗过程的水回用是容易实现的，处理费用也在可以承受的范围内。

4. 化学品的消耗

牛仔服装生产过程，所使用的化学品品种较多。各种化学品的用途以及性质可见附表1。所使用的化学品中，部分化学品属于有毒有害原材料，需要不断地消减或替代；部分化学品不属于有毒有害原材料，其残余部分与废水一起排放到废水处理设施处理，但仍有可能对环境造成一定的不良影响。

5. 辅助材料的消耗

辅助材料是指在牛仔服装上使用的纽扣、绳带和金属饰物等。在辅助材料的使用方面，有以下讨论。

（1）从回收和再利用的角度分析，服装再加工过程中需要拆卸辅助材料，辅助材料的使用会影响到再加工过程。因此要尽可能减少辅助材料的使用。

（2）对辅助材料材质进行选择时需要综合考虑。例如，使用塑料的辅助材料就比金属的辅助材料容易拆卸。但是，塑料的辅助材料耐用性劣于金属材料。

（3）除了考虑辅助材料的材质外，还可以考虑辅助材料的拆卸难易程度。如通过改进辅助材料的尺寸、形状等，可以降低拆卸的难度。

（4）用新的技术手段代替部分辅助材料的使用。例如，用绣花或印花代替金属铆钉。

四、生产环节的循环经济

牛仔服装生产过程的循环经济的主要任务是减量化、再利用、环境友好以及延长产品生命周期，具体工作如下。

1. 水的重复利用和回用

水的重复利用和回用是牛仔服装生产循环中最重要的工作之一。水的重复利用有冷却水的回收利用（如：浆染时烧碱溶解冷却水、烧毛冷却水）、冷凝水的回收利用、染液的重复利用、水洗水的重复利用、废水的回用（达标废水的回用和深度处理废水的回用）以及废气处理水的重复利用。减少水的消耗不仅减少了水资源的消耗，同时，也会影响废水在厌氧过程中甲烷的排放，即影响温室气体的排放。

2. 节约蒸汽

蒸汽在能源消耗中占比较大，无论是减量化或再利用还是经济成本等方面的分析，减少蒸汽的消耗都具有很大的意义。节约蒸汽的途径有蒸汽管道与阀门的保温、烘筒侧面的保温、蒸汽疏水阀的管理、合理安装和配置蒸汽管道、合理调节蒸汽的压力、蒸汽的多级利用、烫熨乏汽的再利用等。节约蒸汽的另一重大意义就是减少温室气体的间接排放。

3. 节约电力

生产中电力消耗占比小于热能。电能消耗贯穿着整个生产过程，涉及面更广。节约电力包括合理选择生产设备（即选择电耗低的生产设备）、合理布局电网、压缩空气系统的节电、合理配置风机和水泵、负载变化较大的用电设备配置变频器、做好无功补偿、做好绿色照明、合理控制和布置空调、制衣中广泛使用伺服电机等。关于节电还需要说明的有：随着环境保护的要求提高、生产劳动条件的改善，相对耗电量会有所增加；生产设备自动化水平的提高，会增加电耗，但生产设备自动化也会提高生产效率，单位产品电耗应该有所下降；节约电力也可以减少温室气体间接排放。

4. 原材料的减量和替代

原材料，包括纤维、化学品、助剂和辅助材料（如纽扣、花边、绳带和金属饰物等）。原材料的减量和替代的主要工作有：对于有害物质，最终的目标是用无害物质替代，尤其是在生产过程释放有毒有害物质或残余在废水或排放进大气的有毒有害物质。在暂时不能替代时，要尽可能减少使用量。对于无害物质，部分也有替代的需要，例如，牛仔服装上的金属饰物的替代。无害物质的替代主要是出于再利用的考虑。同样，即使无害的材料也有减少消耗的需求。减少碳酸盐的消耗将直接减少温室气体的排放。减少各种原材料的消耗将减少商品的碳足迹。

5. 包装材料的减量化和再利用

随着产品和商品以及流通的增加，包装材料使用量也会增大。产品和商品包装材料是社会固废最大的来源之一。快递业的发展也增加了包装材料的消耗。

6. 利用可再生能源

再生能源的利用与企业所在地有关。充分利用企业的特点和企业所在地的特点，尽可能地使用可再生能源是其中的一项重要工作。再生能源包括地热能、风能、太阳能、潮汐能、生物质燃料能和地表面水温差能。利用再生能源要符合国家和当地有关政府部门的法律法规，注意满足当地行政管理部门的要求。

五、生产环节循环体系的构成与评价

1. 生产环节循环经济体系的构成

生产环节循环经济体系是以减量化、再利用和环境友好为主要目的，并通过生产过程而实现延长产品生命周期的目的。生产环节循环经济体系的构成如图4.4所示。

图4.4 生产环节循环经济体系的构成

（1）蒸汽多级利用系统。蒸汽多级利用常在蒸汽作为定形机热源以后再回用到其他加热设备。图4.5是典型的案例之一。

第四章　牛仔服装行业循环经济体系

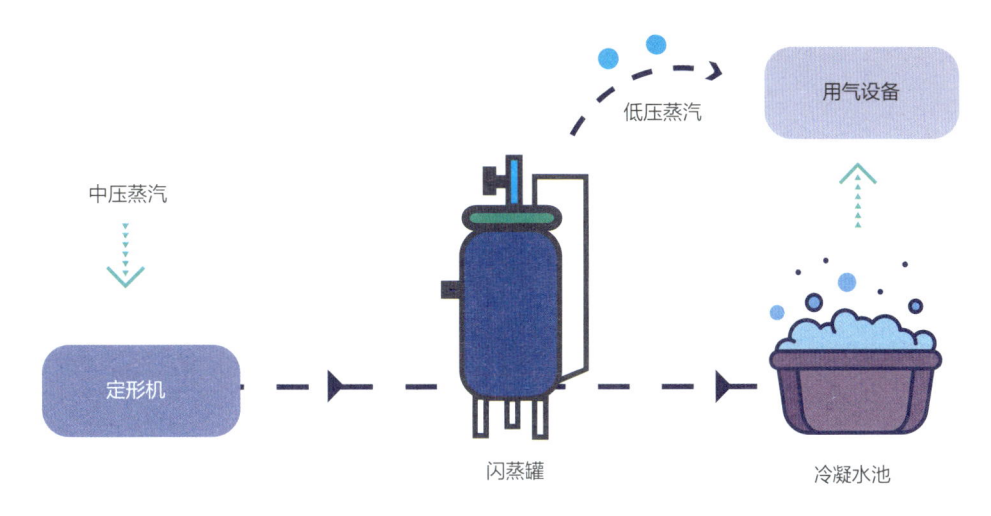

图4.5　蒸汽多级利用案例

（2）余热回收利用系统。余热回收包括高温废水（温度≥60℃）余热回收、冷凝水余热回收、压缩机余热回收和定形机废气余热回收。回收的形式以回收热水较多，定形机废气余热可以采用汽—水回收或者气—气回收形式。回收的热水可以用于耗热设备的加热和余热制冷等。

（3）水重复利用系统。浆染纱、后整理和服装水洗等过程用水量较大。水重复利用系统有两个显著的特点。

第一是浆染纱过程中染液的重复利用。由于靛蓝染料和硫化染料的特殊性，浆染纱的染色是经过多次吸附—氧化实现的。这个过程中，染液是循环重复利用的，并以连续性补充方式保持染液浓度。图4.6是用浆染联合生产线匹染的染液循环过程。

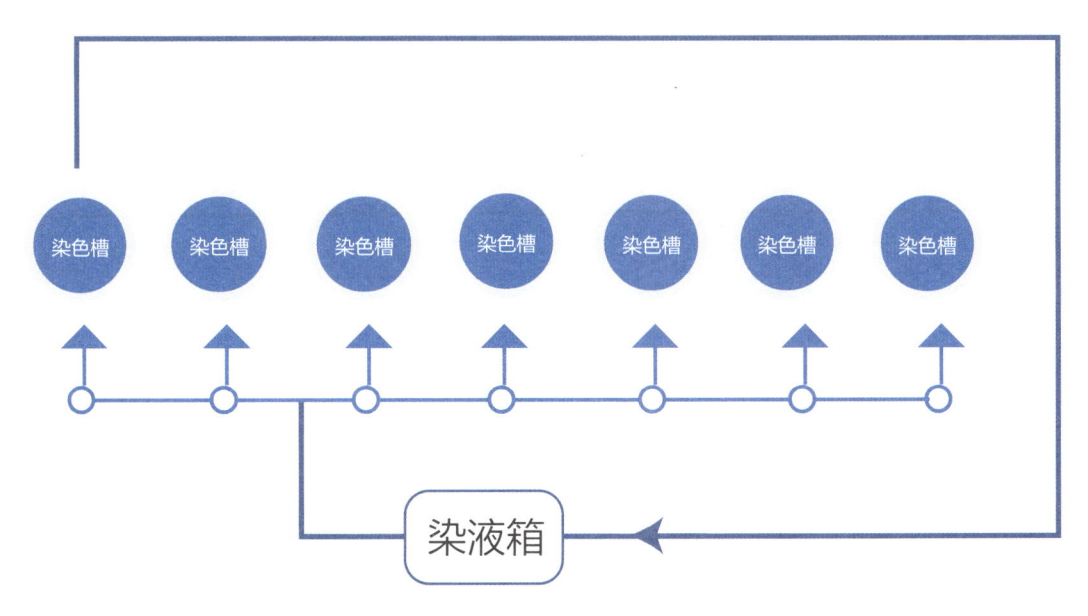

图4.6　浆染联合生产线染液循环过程

第二是牛仔服装水洗过程的水回用。与常规印染废水相比，牛仔服装水洗废水的色度、pH以及COD等污染物浓度较低。牛仔服装水洗对所需要的水质要求相对较低。牛仔服装水洗废水经过生物—物化处理后可以达到回用的要求，成本也是可以承受的。因此，在牛仔服装水洗过程中水回用率均较高。

（4）染料重复利用系统。浆染纱过程的染液是循环重复利用的，其中的染料重复利用，染料的利用率可以达到93%或以上。

（5）废布料和制衣下脚料回收利用系统。牛仔面料生产产生的废布料和制衣产生的下脚料都是回收和再利用的固体废物，回收率较高。由于这些固废脱色难度较大，限制了其在牛仔服装生产中的使用。

（6）企业综合管理系统。目前，牛仔生产企业，尤其是牛仔面料生产企业的管理水平有了很大的提高，企业资源计划系统（ERP）、能源管理中心等都有使用。但是，各个企业的管理系统水平和作用差异较大。在此的企业综合管理系统包括各种用于管理的系统。企业综合管理系统的目的是减量化和提高效率。

2. 生产环节循环经济体系的评价

牛仔服装生产环节循环经济体系评价常用的技术指标如下。

（1）绿色产品评价指标。

（2）单位产品能耗、水耗及原材料消耗指标。

（3）水重复利用率和回用率。

（4）冷凝水回收利用率。

（5）染料利用率。

（6）废布和制衣下脚料回收利用率。

（7）再生能源占比。

（8）有毒有害原材料使用量。

关于评价指标考虑如下。

（1）建立绿色产品评价体系。推动牛仔服装循环可持续发展的重要抓手之一就是绿色产品。目前绿色产品定义或评价标准还是比较模糊或缺失的。建立绿色牛仔服装评价体系和推行牛仔服装绿色产品的评定是提倡绿色消费，鼓励绿色牛仔服装设计的有效措施。

（2）对单个企业进行综合性生产循环经济体系的评价，需要根据实际情况，对各指标进行权重评价。

第四节　生产—流通环节循环体系

一、生产—流通环节

牛仔服装生产—流通环节循环经济体系是在生产环节循环经济体系的基础上增加与流通相关的部分，有采购、物流和销售等环节。与生产环节循环体系相比较，生产—流通环节循环体系具有较大的商品流通、大量商品和信息流的特点。

1. 采购

采购包括批发商采购、零售商采购以及消费者采购。品牌的直接采购是采购量较大的采购。互联网发展是推进采购环节节能降耗的积极因素，一方面降低了采购的成本，包括采购的能耗等；另一方面提高了采购的效率，增加了现金流，减少了商品积压。

2. 流通

流通包括仓储、运输、通关和分配。互联网平台和快递业的发展，大大地促进了流通领域的发展，提高了流通的效率和质量，也降低了流通能耗。

3. 销售

销售有实体店销售、网上销售和电商等形式，网络销售和电商促进了销售业的发展，又使销售业产生了许多的不确定因素和结果。

二、生产—流通环节的能源和资源消耗

流通环节的能源和资源消耗在采购、流通和销售等环节。

1. 采购

与生产环节相比较，采购环节所需要的能耗是很小的。能源消耗种类以电为主，部分交通和运输需要汽油和柴油的消耗。互联网的运用大幅度地降低了采购的成本和能耗。采购在资源消耗方面是以商品为主。采购的资源浪费主要表现为商品的积压。

2. 流通

流通包括了产品的运输和各级的仓储。与采购相比较，流通能耗和温室气体排放量都较大。合理进行仓储和运输是减少流通能耗的主要内容。例如，国家提倡的用铁路运输代替高速公路运输就是为了降低运输过程的能耗和温室气体的排放。在流通中

需要平衡能耗、温室气体排放与效率之间的关系。减少流通中的商品损耗是减量化和再利用的内容之一。

3. 销售

销售的能耗是比较低的，主要是商业运营的能耗。减少销售运营能耗和商品积压是减量化的内容之一。

三、生产—流通环节的循环经济

生产—流通环节的循环经济工作内容除包含着生产环节循环经济内容外，还有以下的工作。

1. 减少商品积压和损耗

商品积压和损耗包括了采购、物流和销售等环节产生的商品积压和损耗。导致商品积压的因素有主观的，例如，过大地估计市场的需求量；也有客观的，例如，突然发生的气候变化或社会动荡。减少积压以及积压的商品盘活或再利用是该循环体系中最重要的工作。

2. 减少能耗

减少所有环节或过程的能耗是该循环经济体系另一个主要内容。

四、生产—流通环节循环体系的构成

生产—流通环节的循环体系是在生产环节循环体系的基础上增加积压商品回收利用系统、高效物流系统和包装材料的回收利用系统。

1. 积压商品回收利用系统

积压商品回收利用系统是指对于积压的商品的处理、回收和再利用。

2. 高效物流系统

高效物流系统是指效率高、能耗低的物流系统。

3. 包装材料的回收利用系统

包装材料的回收利用系统是指对生产企业使用包装材料环节或者产品流通、销售环节产生的废包装材料进行回收和再利用，例如，产品外包装纸箱的循环再利用、物流托板的回收利用等。

第五节　产品再生循环体系

一、产品再生循环体系的构成与特点

牛仔服装产品再生循环体系是在生产—流通环节循环体系的基础上增加使用、回收和再加工等环节。产品再生循环体系和产品生命周期仍有差异，产品生命周期包括牛仔服装的废弃和废弃处理，而产品再生循环体系没有包括废弃和废弃处理，也没有包括回收后的销售。产品再生循环体系与生产环节循环体系、生产—流通环节循环体系有着显著的差异，生产环节循环体系和生产—流通环节循环体系只涉及生产者和经营者的行为，而产品再生循环体系还涉及消费者。产品再生循环体系增加了使用、回收和再加工等环节。这些环节具有以下特点。

1. 使用

使用是指包含所有穿着牛仔服装的人们的行为。使用或穿着牛仔服装的人们行为的差异会导致使用过程的能耗和资源消耗。例如，有的人穿着一天牛仔服装就要洗涤，而有的人是穿着几天后才洗涤。两者的能耗和水耗的差异很大。

2. 回收

回收是指以各种方式从消费者手中获得已使用过的牛仔服装，并进行分拣。通过分拣，一部分可以直接再利用，另一部分需要经过再加工。直接再利用方式包括销售和捐赠。在循环经济体系中主要关注经再加工后回收利用的牛仔服装，直接再利用的不在讨论之列。

3. 再加工

再加工是指回收的牛仔服装经加工后用于纺织品的生产。回收后用于销售和用作其他产品的加工和利用，将不包括在产品再生循环体系中。再加工过程有分解和再加工（包括不同纤维的分拣、脱色和再加工成纤维等）两种。

二、产品再生循环的能源和资源消耗

1. 使用

使用过程指消费者的使用。这一过程的能耗和资源消耗与消费者意识和习惯有关，也与消费者居住和工作的地点和场合有关。提倡绿色消费和大力开展绿色消费的宣传就是为了提高消费者的意识，改变消费者的习惯，从而减少使用过程中的能耗和资源

消耗。

2. 回收

回收过程包括了衣物的收集和衣物的分拣。回收有线上和线下的回收。目前，回收后的衣物分拣基本上是靠人力完成。人力分拣方式的能源消耗和资源消耗量低，但是生产效率也很低，不是未来发展的方向。在人员工资提升较快的情况下，人力分拣不能满足大规模的分拣。使用机械化分拣还存在许多未解决的技术问题，需要组织攻关。

3. 再加工

再加工在整个产业链的循环中是十分重要的一环，也是起到决定性的一环。再加工包括了饰物和零部件的拆卸、纤维分类、纤维的脱色和纤维再造等。这一过程的能源、水和化学品的消耗量都比较大，产生的废水、废气和固废对环境的影响也比较大。再加工过程中还存在许多的技术难题有待解决。

三、产品再生循环经济

1. 使用

使用过程的循环经济主要是引导消费者培养绿色消费观念，养成节约勤俭的习惯，减少在使用过程中的能源、水和化学品的消耗。在酒店、旅馆、医院以及洗衣企业，要推广节水节能的工艺和设备。

2. 回收

回收过程循环经济的主要工作是提高生产效率和回收率。

3. 再加工

在再加工过程中，需要开展的工作最多，主要有以下方面。

（1）饰物和零部件的拆卸。这一工序对后续工序有十分重要的意义，该工序还是以手工操作为主。

（2）纤维分类。根据牛仔服装的纤维原料，纤维分类主要有棉、涤纶和氨纶。现有一些分类方法，但仍存在成本等方面的问题。

（3）纤维的脱色。牛仔服装的脱色是一个难题。在脱色过程中所需要的能源、水和化学品都比较大，而且效果不确定。

（4）纤维再造。纤维再造的问题是纤维的强力下降。再生纤维的强力下降不仅会影响到后续的产品，还决定了纤维的使用次数。此外，纤维再造对产品碳足迹等的影响需进一步评估。

四、工艺路线和最终用途的确定

工艺路线和最终用途的确定是再加工过程中最重要的问题。例如，再加工后的纤维仅用作经纱，由于经纱是需要染色的，再加工纤维在脱色过程中容易实现，所消耗的能耗和各种资源较少。如果再加工后的纤维要用于纬纱。由于纬纱是不需要染色的，则对再加工纤维的脱色工艺提出更高要求，消耗能源和资源较多。

第六节 牛仔服装回收和再利用体系

一、牛仔服装回收和再利用体系的构成

牛仔服装回收和再利用体系涵盖了所有的牛仔服装的回收和再利用，包括各种再加工。图4.7是牛仔服装回收和再利用体系的示意图。

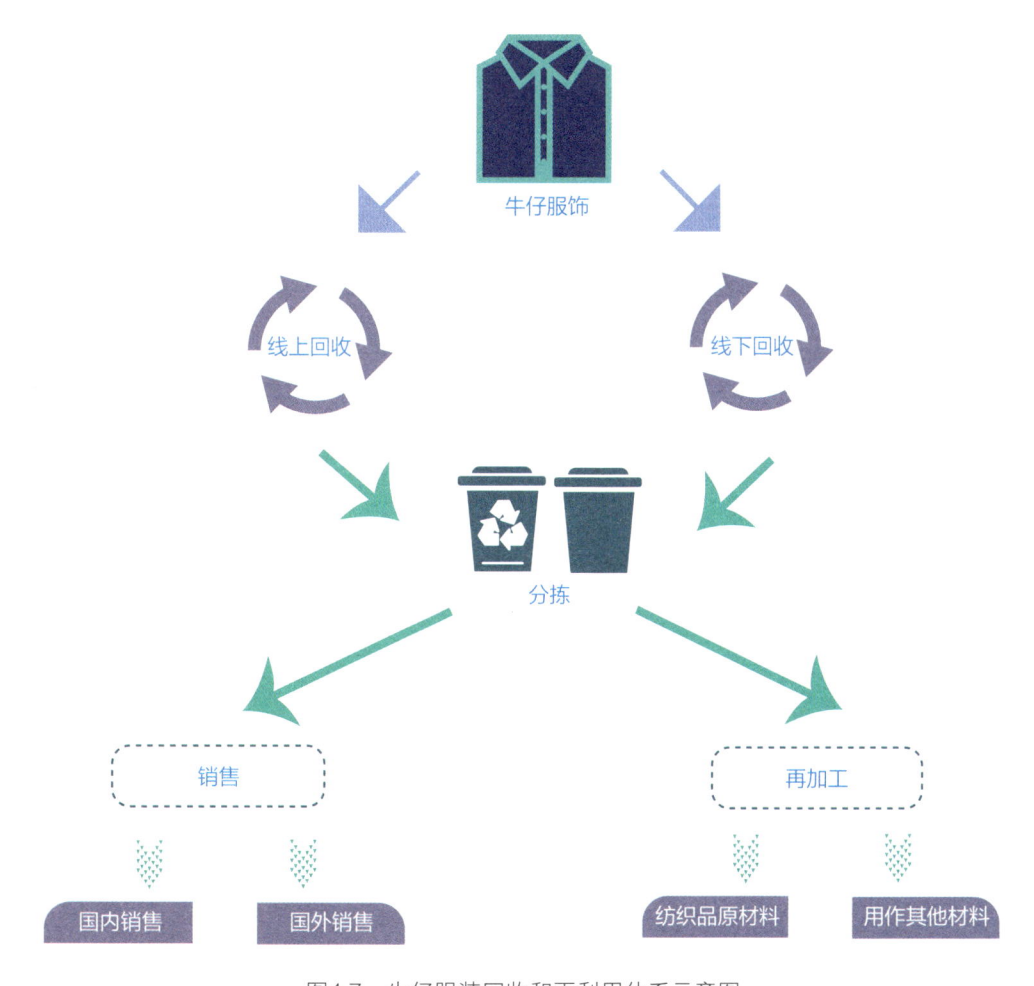

图4.7 牛仔服装回收和再利用体系示意图

对于图4.7需要进行说明和讨论的有以下几点。

（1）为了突出重点，回收和再利用体系中各个环节必不可少的运输和仓储没有在图4.7显示出来。

（2）从图4.7中可见牛仔服装回收和再利用体系所包含的各个环节。牛仔服装回收和再利用体系不仅应包括所有运行和流通的环节，还应包括相应的技术规范和标准等。

二、牛仔服装回收和再利用体系的布局

由于中国国土辽阔，各个区域的经济能力、生产能力、消费能力和消费习惯有较大的差异。牛仔服装回收和再利用体系需要有一定区域的布局。互联网平台的运用有助于牛仔服装回收和再利用体系的建立与运维。牛仔服装回收和再利用过程要面对实物，考虑到运行成本以及各种可操作性，牛仔服装回收和再利用体系有一定的区域局限，需要有合理的布局，便于运行、监管和营利。

三、牛仔服装回收和再利用体系的建立和运行

1. 目的

牛仔服装回收和再利用体系的建立和运行的目的是要满足牛仔服装回收和再利用的需要，可以根据区域和经济发展的有关指标，设立不同区域不同时段牛仔服装回收率和再利用率指标，并作为评价区域循环经济发展水平的指标之一。

2. 政策

需要制定相应的政策、法规和技术标准，用于引导、规范牛仔服装回收和再利用系统的建设和运行，使牛仔服装回收和再利用工作规范化、合理化和科学化，避免市场无序的竞争或再利用产品质量的混乱。

3. 组成

鉴于中国现行的经济制度，牛仔服装回收和再利用体系以企业或社会团体的组成为主，企业或社会团体负责经营和运行，并自负盈亏。

4. 监管

牛仔服装回收和再利用体系的运行将会影响市场以及人们的生产质量。因此，国家政府部门应该实施一定的监管，例如，工业和信息化部门负责生产过程的监管，市场管理部门负责流向市场产品的监管，生态环境部门负责生产过程和流通过程对环境影响的监管，人事劳动部门负责生产过程和流通过程对职工健康安全的监管等。

第七节 牛仔服装回收和再利用对产品质量和环境的影响

一、回收和再利用对产品质量的影响

牛仔服装经过回收和再利用后，加工成纤维的原材料再次使用，所得到的产品质量与回收的牛仔服装的质量、加工后的纤维质量等因素有关。在一般情况下，使用再生纤维制造的纺织品，部分质量指标有所下降，这是值得注意的现象。要保证产品的质量就要控制再加工纤维的使用范围，或者采取一定的措施以抵消再加工纤维的负面影响。

牛仔服装回收和再加工后用于纺织品的原材料需要注意纤维再利用的周期。经过每一次加工，纤维的强度就会有损伤，使纤维的强力下降。当纤维的强度下降到一定的范围以内，该纤维就没有作为纺织品原材料的使用价值。因此，纤维的再生次数是有限的。

二、回收和再利用对环境的影响

碳减排工作的开展，碳达峰和碳中和目标的提出都促进了牛仔服装的回收和再利用。在人们的认识中，废旧物资的回收和再利用都是低碳的。这种认识具有一定的误区。废旧物资的回收和再利用是否属于碳减排是与具体的生产过程、原材料的质量和状况、再利用的要求等相关，并不一定都是低碳的。因此，在开展牛仔服装循环可持续发展过程中要重视碳减排的因素，要使牛仔服装在回收和再利用过程中对减少温室气体排放作出贡献。

对废旧牛仔服装进行回收和再利用，在加工或处理过程中会出现新的环境保护问题，主要表现在以下几个方面。

1. 消毒

废旧牛仔服装上可能带有病毒、细菌等，在再加工过程中需要进行消毒，会导致废水生化部分受到一定的影响。

2. 脱色

在再加工过程中，脱色需要增加水和化学品的消耗，其中部分化学品是强氧化剂、强还原剂、强酸或强碱，增加了废水的污染物浓度和处理的难度。

3. 工艺

再加工过程中因使用特殊的手段和工艺会产生与常规生产工艺不相同的废弃物。例如，在纤维脱色过程中要使用次氯酸钠、保险粉以及过氧化氢等化学品，用量超过常规的印染工艺，导致该过程废气中的污染物种类增加和浓度增大。

4. 危险品

在加工或处理过程中使用危险品的种类会增多，使用量会增大，因此需要加强危险品方面的管理。

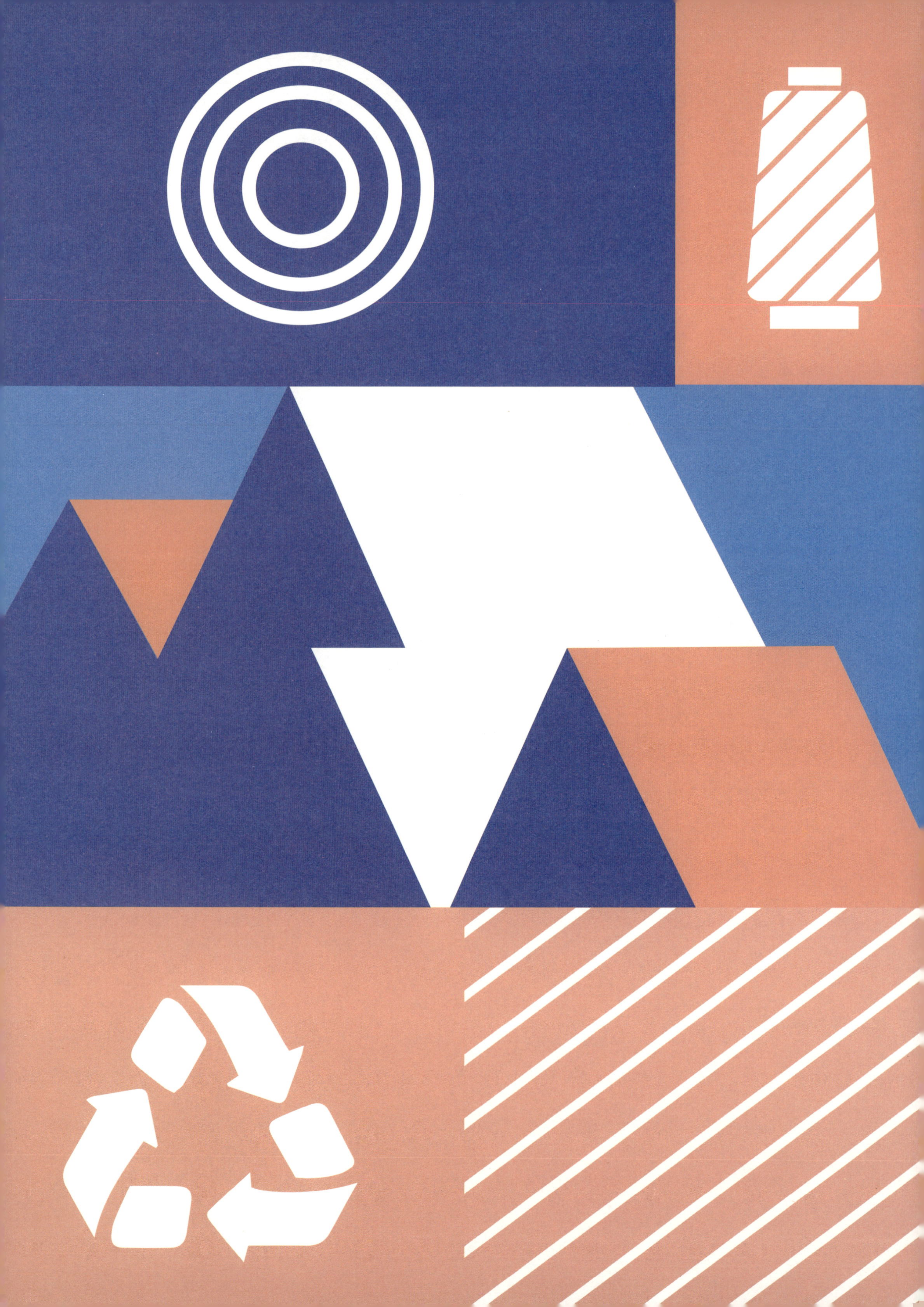

第五章

牛仔服装行业
循环经济发展的路径

Approaches to Circular Economic
Development of Denim Industry

第一节 绿色产品设计

一、纤维原材料的选择

纤维原材料的选择对牛仔服装产品生产过程的减量化和延长产品生命周期起着重要的作用。精梳棉纱对染料的吸附力较高，染料的用量以及助剂的用量可以减少。涤纶纤维的使用可以延长产品的耐磨性，有利于延长产品的使用周期。但是，涤纶的添加量会受到颜色等因素的影响。在牛仔服装产业链中，再生棉纤维的使用，对产品的耐磨性、色牢度等有一定的影响。在使用再生棉纤维时，要适当地调整棉纤维的比例。在产品开发过程中，兼顾服用功能的同时，需要考虑材料的一致性，减少产品的纤维种类。

二、款式的设计

款式的设计对牛仔服装产业链循环利用的影响在于以下几方面。

1. 提高布料的利用率

例如，在牛仔裤的裁剪过程使用宽幅布料，合理排列以实现四块裤脚的裁剪，既可以减少牛仔裤的色差，也可以减少下脚料的产生量，提高布料的利用率。

2. 简化生产工序

牛仔服装的款式及风格有相当部分是在服装水洗和修饰中实现的，短流程设计可以减少生产过程的能耗与资源消耗，同时提高生产效率。对于牛仔服装再造的生产工艺设计，应最大程度保留服装原样，通过款式、配件等简单设计、修改后获得新的纺织品，不提倡采用过度的加工工艺，如褪色后重新染色处理。

3. 减少金属饰物的使用

牛仔服装上的金属饰物常常是铆钉或线钉，回收再处理难度较大。将金属材料改为其他材料或用绣花、印花替代，会降低回收再利用的难度，减少循环再造的成本。

三、产品质量的要求

在设计过程会对产品质量提出合理要求。产品质量的要求对牛仔服装产业链的循环有一定的作用。在产品设计时就需要考虑牛仔服装循环可持续发展的要求。过度的产品质量要求会导致过多加工过程，能源、水和化学品消耗也随之增加。例如，在服装水洗时，对色差要求过严就势必需要消耗更多时间、能源、水和化学品。而对产品质量要求过低，会违背了牛仔服装循环可持续发展的初衷，缩短了产品的生命周期。

第二节　原材料的选择和使用

一、染料的选择

染料的选择对牛仔服装循环可持续发展具有显著作用。首先，染料的选择对环境保护和人体健康有影响。例如，使用靛蓝染料或硫化染料对环境就有不同的影响。其次，染料不同，生产产品的质量也就不同。

用粉剂靛蓝染料和电解靛蓝染料的差异来说明染料的作用。粉剂靛蓝是利用保险粉产生的化学还原过程，而电解靛蓝是电力电解反应过程。电解靛蓝溶液以靛蓝粉、水和烧碱为原料，经电解还原生成液体靛蓝。在同车速、同工艺、同浓度条件下，应用电解靛蓝技术生产的牛仔布干、湿摩擦牢度均优于应用粉剂靛蓝技术生产的牛仔布。电解靛蓝溶液制备过程中，仅需要靛蓝染料、水、烧碱和电能，可减少2/3化学品的使用，节约了生产成本、降低环境污染。

二、化学品的选择

牛仔服装生产中，化学品的选择和替代最主要的是浆染纱过程的还原剂的选择和替代。目前，有用葡萄糖、复合还原剂代替保险粉。复合还原剂主要成分是多种还原剂再复配两种电位抑制剂，控制还原电位在一定区间。复合还原剂在常温下化学稳定性好，且废水中检测不到硫化物，染色废水COD浓度下降70%。而葡萄糖的替代关键是成本太高，难以推广。

第三节　原材料的节约与再利用

一、原材料形态、浓度的选择

当选定使用的原材料后，应尽可能使用固体的或高浓度以及大包装的原材料。这样可以节约运输、储存的成本，也可以减少原材料的包装材料。

二、原材料的称量与输送

在原材料的称量和输送过程中，使用计算机称量可以大大地降低人为的失误，从而达到减量化和环境友好。计算机称量主要用于浆染纱，水洗工序也逐步使用计算机称量。如果在浆染纱染液的输送过程中用计算机控制染液的浓度或靛蓝的还原程度将会提高产品质量。

三、原材料的重复利用和回用

在生产过程中，原材料重复使用和回用主要体现在用水方面。固废的重复利用和回用就只有部分废纱的回用。如将浆染生产过程中产生的纱线头尾料收集后，根据色系将纱线分类后进行织造，生产出颜色特别的布料，效果很好。

四、短流程的研发和应用

短流程的研发和应用主要在面料的后整理、服装的水洗和修饰。由于牛仔服装是需要水洗的，在面料后整理过程可以实施部分退浆或半退浆工艺，部分浆料在水洗过程退去，减少面料退浆过程的水耗、能耗和化学品消耗。

第四节　能源和资源的节约与再利用

一、能源消耗种类的选择

能源种类的选择和替代集中在热能方面，是为了提高热效率。用天然气代替蒸汽作为定形机的热源，可以提高能源的利用率。用蒸汽做定形机热源时，定形后蒸汽的余热不能得到全部的利用，降低了热能的使用效率。而天然气代替蒸汽作为定形机热源，利用效率较高。另外，使用天然气可以减少温室气体效应。用电发热烘筒代替蒸汽加热烘筒。在烘筒中安装发热丝或红外线发热管，代替蒸汽加热烘筒，也可以提高热效率。

二、生产设备的选择

选择节能型的生产设备。同一工艺所用的生产设备的能耗是不同的。例如，在服装水洗过程中，使用卧式水洗机其能耗远高于立式水洗机。因此，选用节能型设备是节约能源的第一步。

三、节约蒸汽

蒸汽是浆染纱和水洗消耗量最大的能源。节约蒸汽的途径如下。

1. 做好蒸汽管道、阀门和烘筒等的保温

蒸汽在输送和使用过程中，蒸汽损耗主要来自蒸汽管道和阀门的散热，尤其是在潮湿的车间环境中，未保温的管道和阀门会产生更大的损耗。烘筒和浆染水洗槽的保温措施也会减少使用过程中的蒸汽损耗。

2. 做好蒸汽疏水阀的管理

蒸汽疏水阀是一个耗汽的元件。在正常情况下，疏水阀的运行也有蒸汽消耗。选择耗汽较小的疏水阀是节能的工作之一。疏水阀的失灵或失效会导致更大的蒸汽损耗，需要定期对疏水阀进行检测。

3. 利用空气干燥

过去，牛仔服装水洗后，经过脱水就直接放入烘干机烘干。现在改进为利用空气干燥，即经过脱水的牛仔服装含水率在60%~70%，然后将牛仔服装吊挂起来，在输送链带动下在车间的上空慢慢行走。经过一圈的行走，牛仔服装的含水率下降到30%以下，再放入烘干机烘干，可以减少50%烘干能源消耗。

在用蒸汽、天然气作为定形机的热源时，还应对定形机尾气余热进行回收利用。

四、节约电力

空压机节能是节约电力的主要内容。空压机节能包括空压机型号的选择、空压机产汽量大小配置、压缩空气网的布局、压缩空气干燥的疏水、压缩空气网的压力设定以及压缩空气泄漏控制等方面。

五、余热回收和利用

余热回收和利用主要是定形机尾气、空压机和烘干机余热的回收和利用。定形机的尾气温度较高，气量较大，是值得回收和利用的余热。定形机尾气余热回收后，可以得到热水，用于生产或制冷，也可以用于新鲜空气，用回定形机加热，可以减少18%~25%的定形机能耗。定形机尾气余热回收还有利于定形机尾气的净化。空压机的余热回收仅可得到热水。

六、再生能源利用

牛仔服装循环产业链上可考虑选用的再生能源见表5.1。

表5.1 可选用再生能源特点分析

再生能源种类	用途	优势	劣势
太阳能	利用太阳能制备热水供生产或生活区使用	减少外购热力,投入小,收效明显	受区域照明差异影响大,供应量不稳定。太阳能发电对企业建筑物有一定要求
	太阳能发电供办公或生产使用	提高绿电使用比例	
地热	利用地热制备40℃以上热水供生产使用	显著减少热能消耗	受区域能源供应条件影响,并需要取得合法合规的相关手续
生物质能源	常见用于蒸汽锅炉燃料,制备蒸汽供生产使用	成本低	需确保燃料质量,且得到政府许可
风能	使用风能—太阳能路灯	节约外购电量	难以直接使用风能
地表水温差	河水或水库水的温度与大气的温度有一定温差,把有温差的地表水用作空调制冷或供暖	成本低,根据特点有效地利用可再生能源	受区域能源供应条件影响

七、水的重复利用和节水工艺

1. 水的重复利用

牛仔服装生产过程中,水重复利用量最大的是浆染过程的浆染液的循环重复利用和水洗过程的回用水使用。在冷却水重复利用方面有烧碱溶解时的冷却水和烧毛时的冷却水重复利用。冷凝水的重复利用有烘筒的冷凝水、预缩机的冷凝水等的重复利用。

2. 节水工艺

代表性的节水工艺如下。

(1)激光雕花工艺。激光雕花是激光束在计算机的控制下,以不同的强度照射到染色织物表面,在织物表面形成深浅不一的花纹,从而实现了拔色印花效果。当激光能量足够高时还可以刻蚀织物纤维,实现切割、镂空等效果。激光作用于牛仔成衣时,根据数字图案的灰度值大小对织物进行刻蚀,实现过渡自然、纹理细腻、古朴内敛的拔色印花,能实现牛仔成衣加工中猫须、马骝、破洞、磨烂、磨白等常规水洗效果,也能实现一些线条精细、复杂的个性化拔色印花效果。

（2）臭氧洗水工艺。利用臭氧机产生的臭氧气体与机内的衣物进行充分接触，达到脱色、漂白、花样等效果。该工艺可代替次氯酸钠水洗工艺，减少化学药剂的使用，节约水和热等能源消耗。

（3）泡沫整理或洗水工艺。在面料生产或水洗过程中运用泡沫代替水作为助剂的载体。与传统的用水做载体工艺相比，可以节省高达60%以上的水。

（4）高效低水耗的水洗机。传统的成衣水洗机是以卧式高浴比染色水洗机为主，浴比在1:（18~20），采用人工控制和操作，自动化水平低。现已开发出浴比在1:（2~5）的低浴比成衣染色水洗机。不仅浴比小，还提高了自动化和程序化水平。例如，加料系统与PLC连接，实现自动搅拌化料，特定时间自动加料等功能；控制系统是可编辑染色工序，可实现工艺自动运行，实现工艺复制功能，还可以实现网络管理功能；机缸自动翻转卸载系统使机器内的衣服自动翻转到手推车中，大幅降低了工人的劳动强度。

八、染化助剂的回收和利用

浆染过程中的染料可以进行循环重复利用。助剂的回收再利用主要关注的是浆料的回收和再利用。过去牛仔面料后整理过程运用丝光工艺较多，碱丝光液的回收利用是面临的一个问题。由于牛仔坯布的经纱是已经染色的，因此在丝光过程中残余的碱液带有一定的色度，影响碱液的回收和利用。在本次调研中，企业已经很少采用碱丝光工艺，碱液的回收和再利用也不再是问题。

九、服装饰物和零部件的重复利用

在牛仔服装回收和再利用过程，将摘下完好的铆钉、拉链等装饰配件集中后，用于新的牛仔裤或用于回收再利用。

十、牛仔服装的重复利用

牛仔服装的重复利用的方式有以下几种。

1. 直接再利用

将回收的牛仔服装经过消毒后，直接作为商品再次投放市场。

2. 拆成片再利用

将回收的牛仔服装经过消毒和洗涤后，拆成布片。将布片根据设计的需要用于服装的制作。

3. 加工成纤维再利用

将回收的牛仔服装经过分拣和饰物的拆卸，将服装破碎后再加工成纤维，用于牛仔服装的制作。

第五节 建立和完善管理系统

管理系统在牛仔服装行业循环经济发展过程中将起到保障作用，具有重要的意义。牛仔服装产业链上的管理可以有能源管理、生产管理、采购商管理和销售管理等。管理的目的是实现合理的资源的配置和使用，最大限度地减少能源和资源的浪费，提高生产和工作效率，尽可能避免人为失误。

1. 智能化能源管理系统

该系统不仅能实时监控能源和水消耗的状况，还能根据生产的实际情况调整与能源和水消耗有关的参数，力求达到能源和水消耗的最优化。

2. 生产智能化管理系统

该系统可将生产工艺、生产计划、企业库存、客户管理以及相关财务管理等数据实施统一的管理和系统的分析，实现生产工艺标准化和生产计划合理化，提高生产效率，降低库存和资金的积压。

3. 商品信息化管理系统

该系统是用于采购、流通、销售、回收和利用的环节。该系统的目的是实现合理的采购和流通，严格商品标识的管理，实现商品的可追溯，为牛仔服装的回收和利用提供可靠的依据。

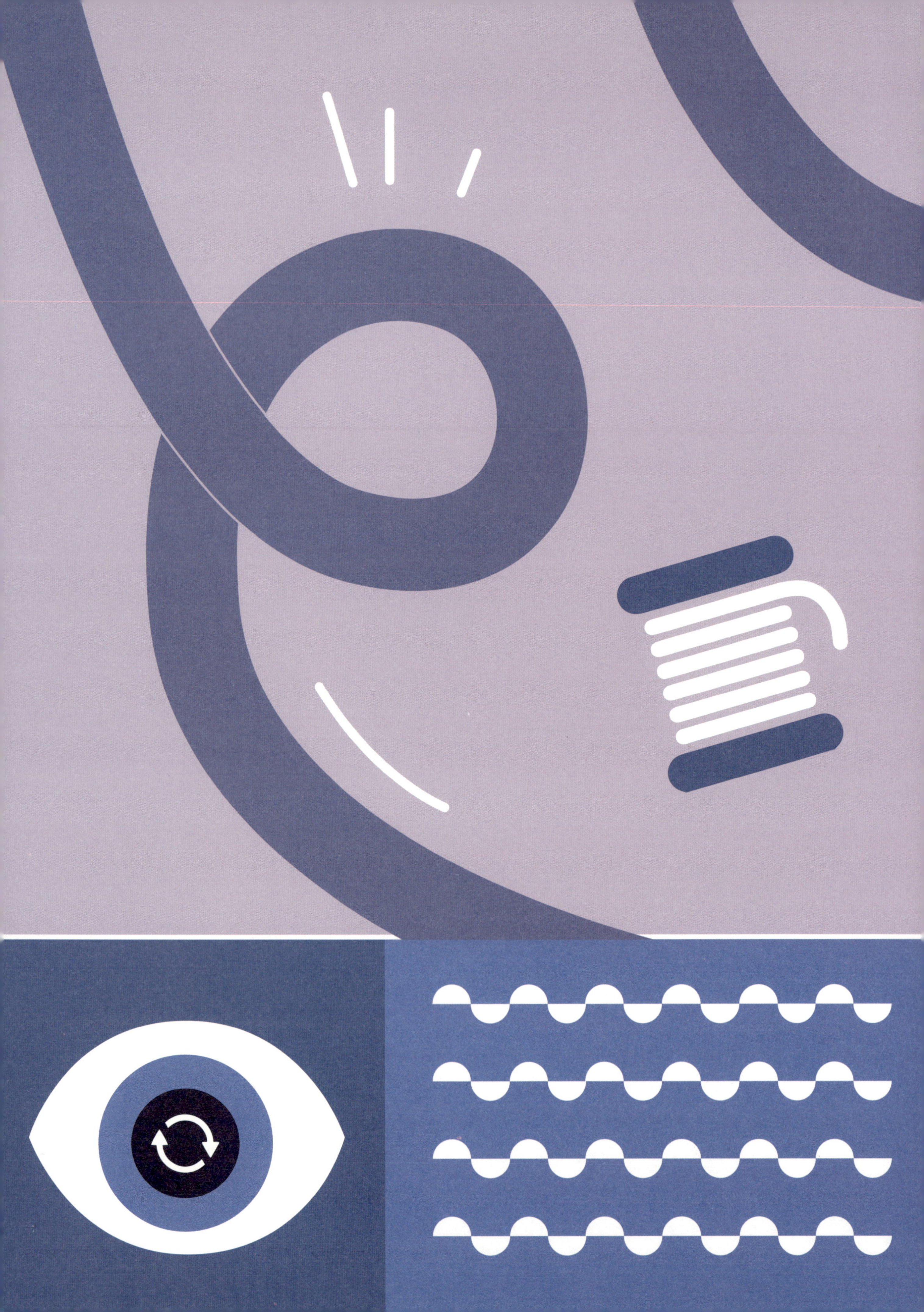

第六章

促进纺织行业循环经济发展举措

Measures to Improve Circular Economy in Textile Industry

第一节　推进相关政策不断完善

一、进一步明确各级政府部门的责任

牛仔服装行业循环经济发展工作综合性强，涉及社会的各个方面。已出台的与废旧纺织品回收和利用相关的政策和文件规定了主管部门的责任，在实际工作中还将涉及多个部门和多个层级。建议梳理现有政策和文件，进一步明确责任主体，确保政策的管理和实施与相关部门的职能相匹配，并根据跨部门管理的实际情况建立有效的协同机制。要进一步推动牛仔服装行业的循环经济发展，涉及工业经济管理、质量管理、消费流通管理、资源环境管理等各政府部门，而有效的鼓励引导手段还涉及土地资源、建设规划、税务等各方面，建议加快推进建立有效的工作机制，打通堵点，明确职责，各部门协作创建更加便利高效的政策环境。

二、实施必要的奖罚措施

中国废旧纺织品回收和资源综合利用工作发展较慢的原因之一是奖罚不明确。结合中国废旧纺织品回收和资源综合利用的实际情况，设立一定的奖惩机制，将有利于废旧纺织品回收和资源综合利用工作的深入。奖励机制应该是多方面的，例如，鼓励废旧纺织品回收和资源综合利用项目的立项和审批，为回收和再利用项目开设绿色通道；给予废旧纺织品加工或利用企业在环境保护方面有针对性地对待，例如，排污证的审批；在科技管理方面设立专项的科技研发经费或专项的技术奖励，鼓励回收和资源综合利用技术的研发和推广等。

第二节　建立规范的纺织行业循环利用体系

一、强化纺织品生产者社会责任

鼓励企业落实中国纺织企业社会责任管理体系（CSC9000T），制定废旧纺织品循环利用目标及路线图，积极推进废旧纺织品循环利用。支持有关机构和企业研究废旧纺织品资源价值核算方法和评价指标，逐步构建支撑再生纺织品生态价值的市场机制。

第六章　促进纺织行业循环经济发展举措

生产者责任延伸制度指生产者以及有关方应承担的责任不仅在产品的生产过程中，还要延伸到产品的整个生命周期，特别是废弃后的回收和处置。生产企业需要将循环经济理念延伸到生产过程之外，包括产品销售、售后服务、废弃物的回收。一方面在法定范围内单独收集所有废弃的纺织产品，将它们从混合城市垃圾中分流出来；另一方面可以对收集纺织品的基础设施进行投资，以便在实践中大规模进行分类和准备再利用和回收。在生产者中强化生产者责任延伸制度，将社会责任报告等相关专项报告升级为专门的ESG报告，鼓励上市公司发布可持续发展报告或ESG报告，推动供应链可持续转型，促进整个行业的循环经济发展。

二、强化典型引领，探索高效循环利用模式

中国纺织工业联合会发起的"旧衣零抛弃"倡议及专项行动已有十年的历史，中国纺联环资委通过组织废旧纺织品资源循环利用专项行动，定向回收单一品类的废旧纺织品，开展专题的研究，针对不同类别产品的特点，设计循环路径，组织技术攻关和环境效益评价等工作。通过行业引领，产业协作带动了产业链中的不同企业，包括政府机构、国际NGO组织、国际品牌、科研院所、平台机构、行业生产企业和资源综合利用企业等。到2022年已经开展了有关品牌旧衣回收与循环路径研究及环境效益评价、羽绒类纺织品的循环再生利用产业试点工程项目、酒店废旧布草的回收与循环利用路径及环境效益评价、牛仔服装再制造等专项，取得了显著的成效。品牌（迪卡侬）行动中首次对品牌端开展了线下线上回收与循环技术路径的研究，对品牌引导开展旧衣回收循环利用的闭环模式进行了经济可行性、技术可行性及环境效益的评价，见表6.1。

表6.1　品牌行动——旧衣物回收及资源化利用环境效益评价

品牌企业废旧纺织品资源化回收效益	再生托盘制造加工环境效益	再生羽绒制造加工环境效益
回收1kg废旧纺织品： **节能**：0.333MJ **减排**：温室气体1.17kg CO_2 eq；光化学臭氧影响2.24×10^{-4} kg C_2H_4eq，酸化影响3.57×10^{-4} kg SO_2 eq和富营养化影响6.92×10^{-5} kg PO_4^{3-} eq	1个静载1.5t的再生托盘对比原生托盘： **节能**：467MJ **减排**：温室气体9.7kg CO_2 eq，光化学臭氧影响2.8×10^{-3} kg C_2H_4eq，酸化影响 3.18×10^{-2} kg SO_2eq和富营养化影响-7.4×10^{-4} kg PO_4^{3-} eq **总体环境影响**：再生托盘比原生托盘总体环境效益降低67.9%	1kg再生羽绒对比1kg原生 羽绒： **节能**：1140MJ **减排**：温室气体178kg CO_2 eq；光化学臭氧影响2.5×10^{-2} kg C_2H_4eq，酸化影响0.553kg SO_2eq和富营养化影响0.353kg PO_4^{3-} eq **总体环境影响**：再生羽绒比原生羽绒总体环境效益降低99.3%

续表

品牌企业废旧纺织品资源化回收效益					再生托盘制造加工环境效益	再生羽绒制造加工环境效益
影响类别	单位	填埋处理	焚烧处理	合计		
ADPF	MJ	1.17E-01	2.16E-01	3.33E-01		
GWP	kg CO_2 eq	1.01E+00	1.62E-01	1.17E+00		
POCP	kg C_2H_4 eq	2.17E-04	6.37E-06	2.24E-04		
AP	kg SO_2 eq	1.38E-04	2.19E-04	3.57E-04		
EP	kg PO_4^{3-} eq	2.85E-05	4.07E-05	6.92E-05		

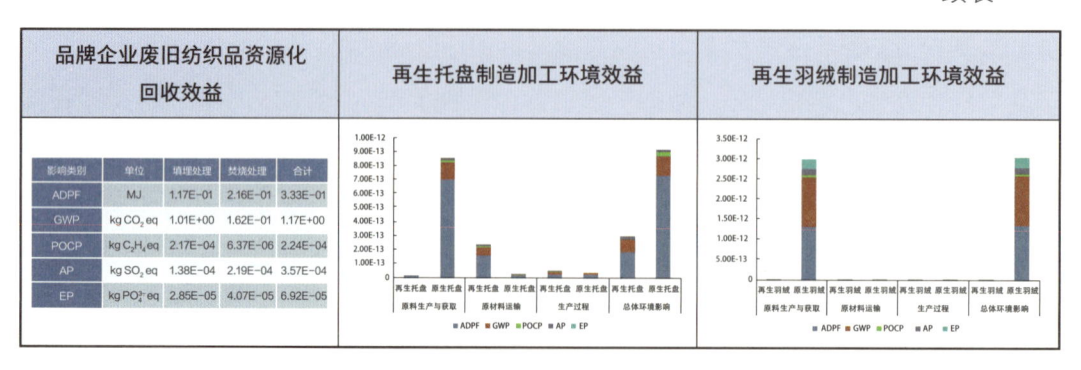

在羽绒类废旧纺织品利用专项行动中，完成了旧羽绒产品的再生利用及相关产品的标准，获得了GRS再生产品认证；解决了旧羽绒服装自动化拆解技术难题，建立了全国第一条规范化、自动化拆解再生羽绒生产示范线，实现了产业化生产，对再生羽绒产品的市场交易提供了技术支撑。图6.1为羽绒类纺织品循环利用闭环模式的示意图。

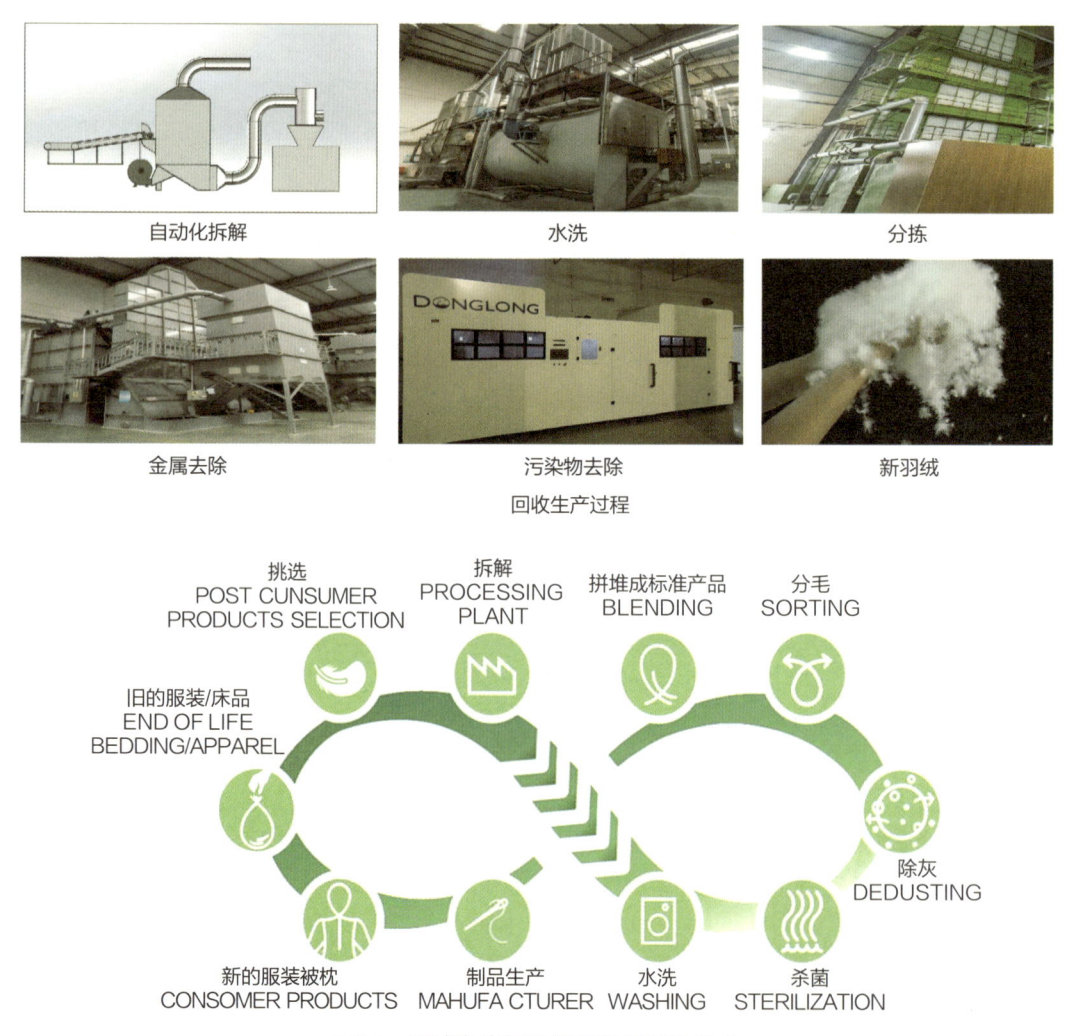

图6.1 羽绒类纺织品循环利用闭环模式

在专项行动中，中国纺联环资委通过培育废旧纺织品循环利用骨干企业，支持重点支撑项目建设，发挥引领带动作用。

三、完善回收网络，共建资源综合利用信息化平台

借鉴欧美、日本等发达国家的废旧纺织品的回收和利用经验，根据中国循环经济发展情况，结合中国的市场发展和生活习惯，通过政府推动、市场驱动、公众行动三个方面着手，建立以市场和政府作为循环经济主要推动力的废旧纺织品回收及资源化利用信息化平台。中国纺联联合行业企业共同搭建资源节约·绿色消费平台，通过整合废旧纺织品来源和数量，加强废旧纺织品回收利用数据统计分析，为废旧纺织品循环利用提供数据支撑。

四、加快废旧纺织品工业再利用分拣中心试点示范

借鉴德国废旧纺织品的回收和循环利用经验，贯彻落实《关于加快推进废旧纺织品循环利用的实施意见》（以下简称《实施意见》）重点工作。结合中国无废城市建设，大力推动城市废旧纺织品工业化利用分拣中心的试点示范，探索高效循环利用模式。合理布局与建设分拣中心和资源化利用分类处理中心，探索废旧纺织品分类方法、再利用产品的研发，不断拓展高值化利用路径，及时精细化分拣和分类处理废旧纺织品。完成《实施意见》提出的"到2025年，废旧纺织品循环利用体系初步建立，循环利用能力大幅提升，废旧纺织品循环利用率达到25%的任务目标。"

第三节 建立牛仔服装循环经济标识体系

一、完善牛仔服装行业绿色生产标准体系

牛仔服装行业已有绿色产品标准《绿色设计产品评价技术规范 牛仔面料》，但不能满足牛仔行业绿色生产的需要，也不能满足牛仔服装行业循环经济发展的需要。牛仔服装行业绿色生产标准体系应包括牛仔服装生产过程中的技术规范，牛仔服装回收和利用的技术规范以及有关产品标准等，需加快推进相关的技术规范和标准的制定，为牛仔服装行业循环经济体系提供技术导向和监管标准。

二、开展产品可追溯性和信息披露的产业协作

建立牛仔服装的产品标识，对牛仔服装的纤维、所用化学品、产品质量、产品碳足迹和产品水足迹等信息予以披露，将有利于牛仔服装行业循环经济发展。产品标识可以让消费者直接去辨认产品的性质，有利于消费者选择具有绿色产品标识或与循环经济相关标识的产品，达到促进绿色消费的目的。产品标识还有利于牛仔服装产业链相关方辨识纺织品的性质，判断和选择可行的回收方式和产品再造技术，有助于推动循环经济体系的建设与运行。

三、推动废旧纺织品资源循环利用可追溯信息化平台建设

参考纺织品GRS认证的信息管理模式，采用"互联网+"技术，结合牛仔服装产品的标识管理，推动建设牛仔服装的废旧纺织品资源循环利用可追溯信息化平台。通过该平台可以追溯废旧纺织品的资源回收去向，也可以为废旧纺织品资源的再加工和再利用提供依据，为绿色纺织品提供评价依据。

第四节 积极推动低碳化技术的开发和应用

一、积极推广成熟的循环经济技术

在"十四五"开局之年，中国纺织行业提出了"科技、时尚、绿色"的新定位，在《纺织行业"十四五"绿色发展指导意见》中明确提出"到2025年在行业生态文明建设和履行环境责任取得积极进展下，生产方式绿色转型成效显著，产业结构明显优化，绿色低碳循环发展水平明显提高。"为实现中国纺织行业的"十四五"低碳循环发展目标，牛仔服装行业的生产企业、国际品牌以及各相关方应发挥各自的积极作用，认真总结成熟的循环经济技术，鼓励推广成熟循环经济技术的应用，总结生产企业开展循环经济的成功案例，编制循环经济技术汇编，积极开展循环经济技术推广和培训。

二、加强绿色产品设计，提高人才储备

积极推进绿色产品设计是牛仔循环服装可持续发展的重要内容。绿色产品设计是整个绿色产业链的开始，要不断提高设计人员和生产技术人员的循环经济概念，有了

绿色产品的设计和生产才能引领绿色消费。要在各种产品设计者中开展绿色产品设计的培训、绿色产品设计评选或竞赛、绿色生产技术发展状况分析等，以提高设计人员的绿色产品设计水平。

三、开展循环经济共性关键技术的研发

在牛仔服装循环可持续发展工作中还有一些基础性的技术和共性关键技术亟待解决。例如，再生产品识别、绿色产品设计、废旧纺织品回收与再生利用等的相关性、牛仔服装饰物的分离技术和替代、牛仔服装再利用的低碳化技术等。目前，《实施意见》提出将废旧纺织品循环利用关键技术纳入国家重点研发计划，加快突破一批废旧纺织品纤维识别、高效分拣、混纺材料分离和再生利用重点技术及装备。为企业开展技术研发提供了新动能。中国纺联也将在"十四五"期间，认真落实《实施意见》相关要求，配合相关部门开展废旧纺织品资源综合利用先进工艺、技术、装备目录推荐；开展纺织行业（资源循环）全国劳动竞赛，提升纺织行业资源综合利用水平。

四、开展多层次的培训和教育

结合培育"大国工匠"和提高国民素质等工作，建立和完善相应的教育和培训机制。

1. 高级专业人员的培训

为高等院校学生、研究机构的研究人员、国际品牌的管理人员以及牛仔服装生产企业的高级技术人员开展系统的专业培训。培训的内容重点在于如何将循环经济的概念用于具体生产技术的开发和产品设计。

2. 生产员工的培训

为牛仔服装生产企业中基层技术人员、技术工人或部分生产员工组织专题培训。培训的主题是介绍成熟的循环经济技术以及如何将成熟的循环经济技术运用于生产实践。

3. 牛仔服装使用者的培训

为牛仔服装使用者开展的培训，主要有合理使用、有效回收和利用等方面知识的培训。

第五节　建立绿色金融融资体系

一、建立绿色金融评价体系

为鼓励企业研发绿色新产品和绿色生产技术，鼓励开展牛仔服装循环经济技术的基础研究，需要建立绿色金融制度，给有需要的生产企业或研究单位提供绿色信贷。要做好绿色信贷就必须建立绿色金融评价体系，以保证相关的金融措施能落到实处，给有需要、有潜力的生产企业或单位提供金融支持。

二、充分发挥社会融资力量

发挥社会各种积极因素，充分利用社会的资金和资源，根据实际需要，建立专项发展基金，用于推进牛仔服装行业循环经济发展工作。例如，由几个有实力的牛仔面料生产企业建立专项基金，用于牛仔服装再利用过程中有关技术的攻关，所得到的成果由参与企业共享。再如，建立牛仔服装行业循环经济发展人才专项基金，用于奖励在牛仔服装行业循环经济发展方面做出显著贡献的人才。

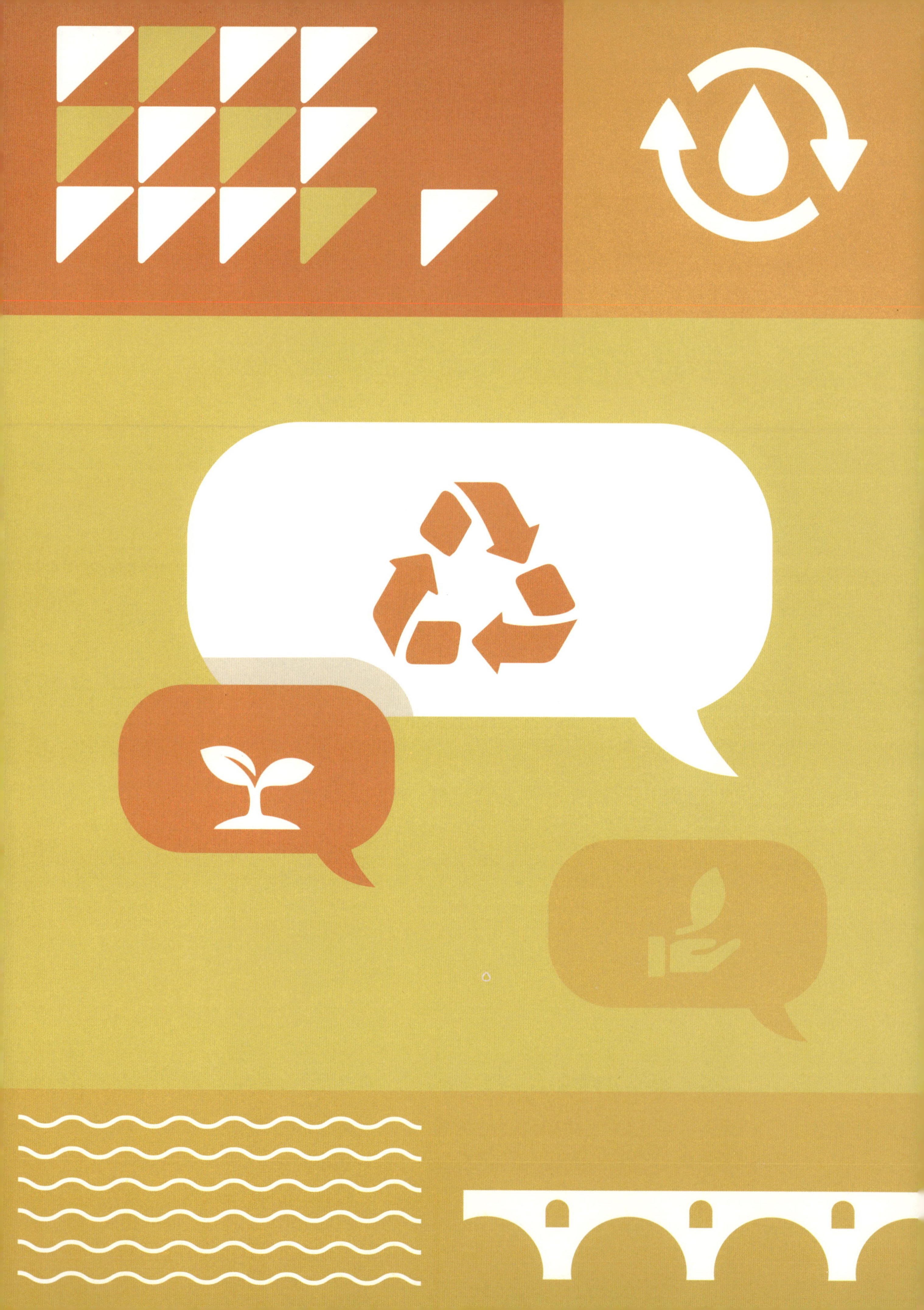

第七章

牛仔服装行业循环经济案例

Case Study of Circular Economy in Denim Industry

第一节 生产环节循环经济技术案例

一、再生纱的应用

将生产过程下脚料和牛仔服装回收后可以加工成生产牛仔面料的纱线，称为再制造纱线或再生纱线。再生纱线根据原料来源，分为消费前再生纱和消费后循环纱，两者在生产过程和牛仔服装的质量等方面也有一定的差异。一般来说，消费前再生纱在生产使用过程中表现出来的各种质量和效果，与原生纱相比，差异较小；而消费后循环纱与原生纱相比较，质量和效果差异较大。根据再生加工的效果，再生纱可以用作经纱或纬纱。

再生纱线作为经纱时，因经过脱色等再生工序，纱线的吸水性能以及毛细管效应较好，在浆染前处理时可以减少约10%~15%的助剂量。再生纱浆染的工艺流程与原生纱的工艺流程基本上相同，仅需要增加染料消耗的15%~20%，在实际操作中是加快染液的流速来实现的。浆染后及制成的牛仔面料，各种色牢度与原生纱相比较变化不大。经过水洗后，与原生纱相比较，颜色有所变灰，仍是可接受的范围。

再生纱线做纬纱时，会出现再生纱的脱色不彻底，使纬纱显灰色，导致面料或服装的表面效果有一定的差异。

从生产实践和实际效果来看，牛仔服装生产过程产生的下脚料（废料）或穿过的旧牛仔服装都可以作为原料循环制造再生纱线，并用于牛仔布生产原料。

二、湿法上浆工艺

传统的牛仔浆染生产过程采用干法上浆工艺，即纱线染色后进行烘干后再进行上浆。传统的干法上浆工艺存在上浆率过高、退浆负荷重、蒸汽消耗大、成本消耗大等缺点。为贯彻落实行业"十四五"绿色发展目标，实现行业的节能低碳发展，提高浆染和后整理工艺的清洁生产水平，牛仔服装行业提出湿法上浆工艺并在生产中得到应用推广。

1. 湿法上浆工艺的特点

（1）节约蒸汽消耗。每万米纱线约减少30%蒸汽用量。

（2）减少浆料使用量。以较低的上浆率，保证较高的织造效率，节省更多的浆料，同时减少退浆工序废水排放。

（3）缩短浆染流程。减少上浆前烘干工序，减少烘筒设施，缩短浆染流程。

2. 湿法上浆工艺需要解决的问题

（1）在第二个洗水槽加入一定量功能性助剂，解决湿法上浆浆槽落色问题，还可减少洗水槽10%用水量。

（2）采用不同浓度的高低位上浆槽。高温槽配置比上浆槽浓度高2%~4%的浆料，通过浆料浓度在线监测设施（固含量在线检测系统）监测浆料浓度，实时补充高浓浆料，平衡带水。

（3）浆料中加入一定量的浆料增效剂，能以较低的生产成本，解决后整理织物底面泛蓝问题，且对浆料影响小，环保无污染。

三、射频识别技术

射频识别技术（RFID）是自动识别技术的一种，通过无线射频方式进行非接触双向数据通信，利用无线射频方式对记录媒体（电子标签或射频卡）进行读写，从而达到识别目标和数据交换的目的。RFID系统可用于牛仔服装生产的全过程。RFID系统在生产过程中的运用如图7.1所示。

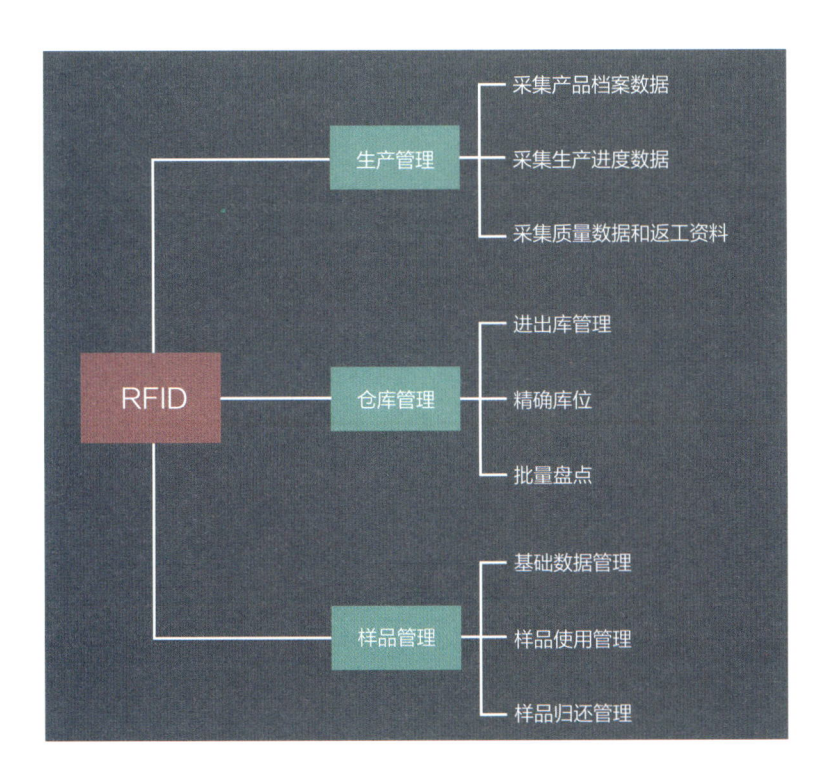

图7.1　RFID在生产过程中的运用示意图

在生产管理中，生产功能模块记录了布匹从织造完成到成品验收过程中的整个布匹生命周期，其中包括了记录布匹的完整织造数据、坯验数据、后整理深加工数据、成验数据及期间的布匹在各车间中的流动情况。

在生产企业中可以将RFID系统与企业的ERP系统连接起来，提高企业管理的水平。图7.2是RFID系统在车间管理以及与ERP系统连接示意图。

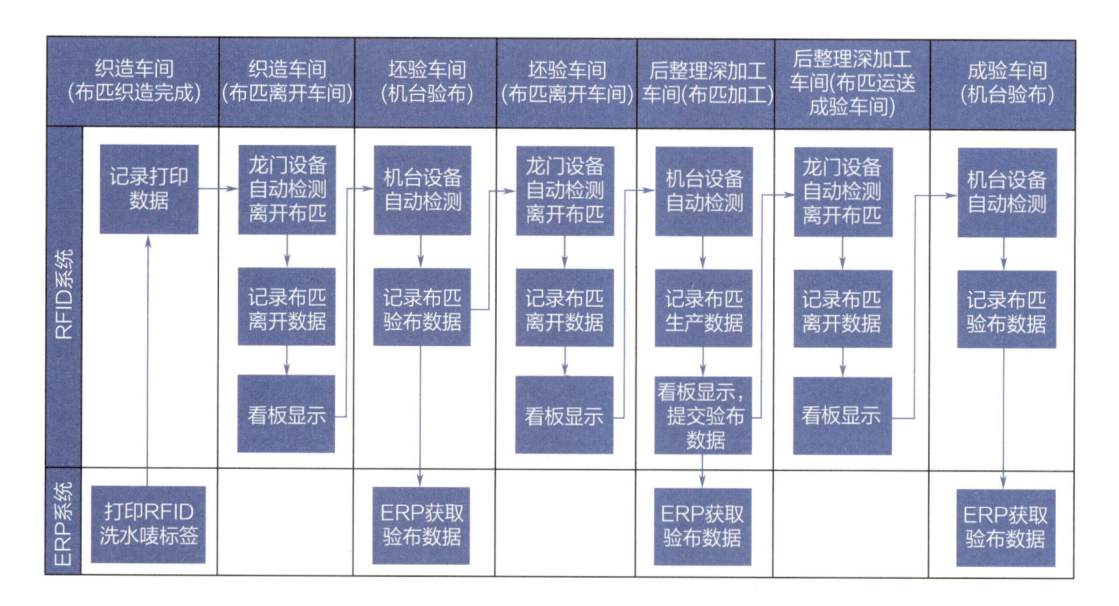

	织造车间(布匹织造完成)	织造车间(布匹离开车间)	坯验车间(机台验布)	坯验车间(布匹离开车间)	后整理深加工车间(布匹加工)	后整理深加工车间(布匹运送成验车间)	成验车间(机台验布)
RFID系统	记录打印数据	龙门设备自动检测离开布匹 → 记录布匹离开数据 → 看板显示	机台设备自动检测 → 记录布匹验布数据 → 看板显示	龙门设备自动检测离开布匹 → 记录布匹离开数据	机台设备自动检测 → 记录布匹生产数据 → 看板显示，提交验布数据	龙门设备自动检测离开布匹 → 记录布匹离开数据 → 看板显示	机台设备自动检测 → 记录布匹验布数据
ERP系统	打印RFID洗水唛标签		ERP获取验布数据		ERP获取验布数据		ERP获取验布数据

图7.2　RFID系统在车间管理以及与ERP系统连接示意图

在仓库管理中，成品仓与检验车间紧密地联系在一起，并同时与ERP系统相连接，如图7.3所示。

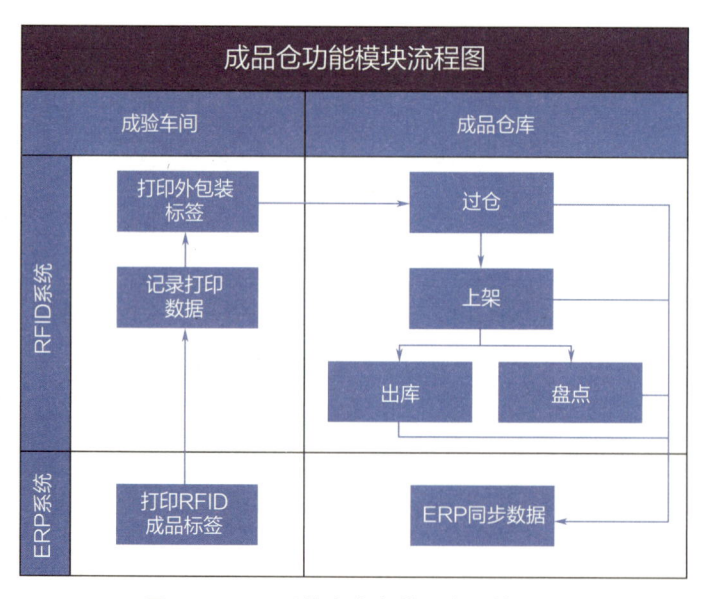

成品仓功能模块流程图

	成验车间	成品仓库
RFID系统	打印外包装标签 ← 记录打印数据	过仓 → 上架 → 出库 / 盘点
ERP系统	打印RFID成品标签	ERP同步数据

图7.3　RFID系统在仓库管理方面的运用

从图7.3可见，RFID系统与ERP系统在仓库管理模板也可以连接。

四、环保浮石洗水技术

浮石是牛仔服装水洗行业的重要原材料之一，它通过物理作用打磨牛仔制品，从而产生面料的层次对比效果，使牛仔制品具有不同的艺术风格。目前使用较多的浮石是传统天然浮石，来源于大量开采的天然矿石，国内水洗用的浮石有印尼浮石、土耳其浮石和长白山浮石等。传统天然浮石在使用时会发生分裂和破碎，形成大量的石粉和石碴，这些石粉和石碴也是水洗行业污泥产生的主要来源之一，需要花费大量的人力物力进行清理。近年来，环保浮石替代天然浮石应用于牛仔服装的磨洗。图7.4为传统天然浮石照片。

图7.4 传统天然浮石

环保浮石和传统天然浮石的磨洗效果对比见表7.1。

表7.1 环保浮石和传统天然浮石磨洗工艺对比

项目	环保浮石	传统天然浮石	备注
水洗效果	两者相近		
重复使用次数（次）	10~15	1~2	
使用量	占传统天然浮石的1/3	较多	减少60%
污泥产生量	占传统天然浮石的1/10	多量	减少90%

续表

项目	环保浮石	传统天然浮石	备注
重金属	基本不含重金属	可能含重金属	
原材料	普通材料，易获得	采矿，影响生态环境	
含固废处理的总成本（元/条）	0.153	0.378	降低59.52%

表7.1中的数据表明，当两种工艺水洗效果相近时，使用环保浮石可以提高浮石的使用次数，减少浮石的固废、污泥和固废处理的费用，降低生产成本。

五、环保炒砂石工艺

炒砂石主要用于替代牛仔服装的炒盐、炒砂工艺。传统的炒砂工艺以盐为原料。盐原料存放过程中因季节、温度、时间等而流失重量，影响正常使用，产品质量不稳定。且因为盐易溶于水的特性，无法循环使用，还会造成废水盐浓度过高，增加废水处理难度；另外，传统炒砂也不耐磨，在潮湿的生产环境下，不仅会污染货品，产生异味，还会影响场地做其他工艺。为了改善炒砂工艺存在的问题，环保炒砂石得到了广泛的关注。

环保炒砂石的特点有：炒砂石由新型无机材料制造；用炒砂石工艺生产的成品具有清晰度高、立体性强和保底效果好的优点；使用炒砂石工艺制作的产品基本无高锰白点；有利于改善车间环境。环保炒砂石和传统炒盐工艺的对比见表7.2。

表7.2 环保炒砂石和传统炒盐工艺的对比

项目	环保炒砂石工艺	传统炒盐工艺	备注
炒砂石设备产能（千克/磅）	362.88/800	362.88/800	相同
生产容量（条/次）	80	80	相同
原料消耗成本（元/条）	0.26	0.2	砂石原料成本高
返工或修色	无	白点，修色多，返工修色率20%	环保炒砂石工艺不用返工
总成本（元/条）	0.26	0.4	含返工修色
工艺特点	清晰度高、保底好、暴竹节明显	清晰度不高、保底不够好、污水处理问题	

六、低浴比水洗工艺

水洗是牛仔服装重要的生产环节,也是耗水量最高的生产工艺环节。传统的服装水洗机的浴比高达1:(18~20),是服装洗水过程的主要耗水设备。传统的服装水洗机存在耗水量大、染化料用量大、洗染量低、生产操作强度大等问题。新型ST系列低浴比成衣染色水洗机,浴比只有1:(2~5),不仅大幅降低了水耗,各个主要系统的功能也有很大提升,具体包括以下几方面。

1. 加料系统

低浴比成衣染色水洗机配备完整的加料系统,加料系统配有加料桶、搅拌电机、加料电机、料桶水位计、加料气动阀门、料桶冲洗功能以及料桶排污。此套加料系统由 PLC 通信控制实现自动化,使水洗效果更佳,有效解决了高浴比卧式水洗机的人工加料困难、不均匀及撒料等问题。

2. 自动翻转取衣系统

低浴比成衣染色水洗机配有自动翻转取衣系统。通过设备后方两液压油缸的伸缩使设备具有翻转功能,可以使机器内的衣服自动翻转到手推车里,大大减轻了员工的劳动强度。同样也提高了生产效率,缩短了加工时间。

3. 专用控制电柜

低浴比成衣染色水洗机每台配备专用控制电柜,电柜里配有PLC、变频器、12寸操作显示屏、接触器以及液位继电器等控制电气。低浴比成衣染色水洗机可编辑水洗工序,可实现工艺自动运行,可实现工艺复制等功能。精确的进水系统、温控系统及加料系统极大地保证了水洗效果的重现性。而传统高浴比卧式机完全依靠工人个人的经验去手动控制进水、时间、加料、加温,所以次品率高、劳动强度大。

4. pH自动控制系统

低浴比成衣染色水洗机配套pH自动控制系统,可以按照工艺要求进行自动跟踪、调节pH,来提高牛仔水洗的环保品质。

低浴比水洗机和传统高浴比卧式水洗机的对比可见表7.3。

表7.3 低浴比水洗机和传统高浴比卧式水洗机的对比

项目	水洗机		备注
	低浴比	传统卧式	
浴比	1:(5~8)	1:(18~20)	
用水量[吨/(机·天)]	56	120	节水率53%
用水成本[万元/(年·机)]	16.8	3.6	10元/t(含水处理)

续表

项目	水洗机		备注
	低浴比	传统卧式	
蒸汽消耗［吨/（机·天）］	0.6	1.2	节约50%
蒸汽成本［万元/（年·机）］	6.3	12.6	蒸汽费用350元/t
助剂消耗量	60%	100%	

由此可见，低浴比水洗机具有以下优点。

1. 节能减排，降低生产成本

低浴比水洗机大幅降低了能耗、水耗及污染物排放，其用水量只有传统卧式机的44%，染化料助剂用量只有传统卧式机的60%，从源头上实现节能减排，降低生产成本。

2. 改善生产环境，降低劳动强度

低浴比水洗机改变了传统水洗机操作模式，应用了自动加料控制系统和自动翻转取衣系统，操作简单方便，减少粉尘，有利于改进车间生产环境，大大降低工人的劳动强度。

3. 缩短工艺流程，提升生产效率

低浴比水洗机实现了自动化智能化生产管控，通过中央控制系统，对工艺流程、pH监控、温度控制及加料系统进行集中管理，实现了染料助剂精准投放，提高产品质量，缩短了工艺流程时间，生产效率大幅提升。

七、纤维素酶（酵素）水洗技术

传统的牛仔布服装通过浮石和少量的剥色剂及洗涤剂在滚筒洗衣机中进行磨洗，摩擦作用使染料脱落即石磨水洗工艺，不但使牛仔服装质地柔软，而且在局部棱角和缝接处产生磨白作用而产生立体感，从而使牛仔服装风格独特、身价百倍。但石磨水洗的方法易产生石灰粉尘，对织物造成污染而色泽萎暗，剧烈的摩擦作用易造成服装脱线、下摆开裂、局部破损等疵点，同时还对设备内部造成损伤。

酵素洗，又称纤维素酶洗，可以在一定pH和温度下降解纤维，使布面较温和地褪色、去毛，并得到持久的柔软效果。与石磨水洗工艺相比，酵素洗可使织物获得减量效果和永久性柔软手感，还可提高织物悬垂性和光泽，洗出的花纹细腻不发灰。目前纤维素酶洗工艺正在逐步代替石磨水洗工艺。

根据酶适宜生存的pH条件可分为酸性纤维素酶和中性纤维素酶，它们均可用于牛仔布水洗，二者在活力、防止染料对纤维的沾色及酶洗工艺、处理效果等方面还是有一定差距的。表7.4是两种纤维素酶的比较。

表7.4 两种纤维素酶的比较

种类	主要特性	用途
酸性纤维素酶	酶的活力高，质量不易控制，重现性差；易沾色，沾色随用量提高和处理时间延长而趋于严重，处理时适宜pH 4.5~5.5；具有较低的靛蓝牛仔布磨损性（酶磨度差）；织物强力损失大；价格较低	用于低档服装的酶洗、抛光以及去毛（吃毛）、手感整理，在沾色、对比度要求不高的情况下使用；用于牛仔布的酶洗，但沾色大，要加防沾色剂或洗后漂白，且酶磨度较低
中性纤维素酶	酶的活力较低，需用较长的时间完成有效的磨损，对工艺参数波动敏感性小，酶洗质量易控制，重现性好；很少或没有沾色现象，蓝白纱对比度高，无须用防沾色剂，洗后无须漂白；适宜pH 6~8；靛蓝牛仔布具有很好的酶磨度；织物强力损失小；价格较贵	用于高档牛仔布的酶洗，能赋予织物高档的外观效果，洗后沾色低，蓝白纱对比度高，有很好的酶磨度

八、泡沫水洗工艺

传统牛仔服装水洗工艺，退浆和生物酶水洗分为两步进行，工艺复杂而且流程长，需要使用大量的助剂，能耗和耗水高。泡沫水洗是将传统的水溶液水洗改为泡沫水，将退浆和水洗优化为一步法水洗工艺，缩短了工艺流程，减少了化学助剂、水和蒸汽的使用，降低了水洗成本，质量也比较稳定。

在泡沫水洗中，需要利用特殊的设备和特定的助剂制备水洗所需的泡沫剂。以生物酶泡沫水洗为例，说明泡沫水洗的工艺流程，如图7.5所示。

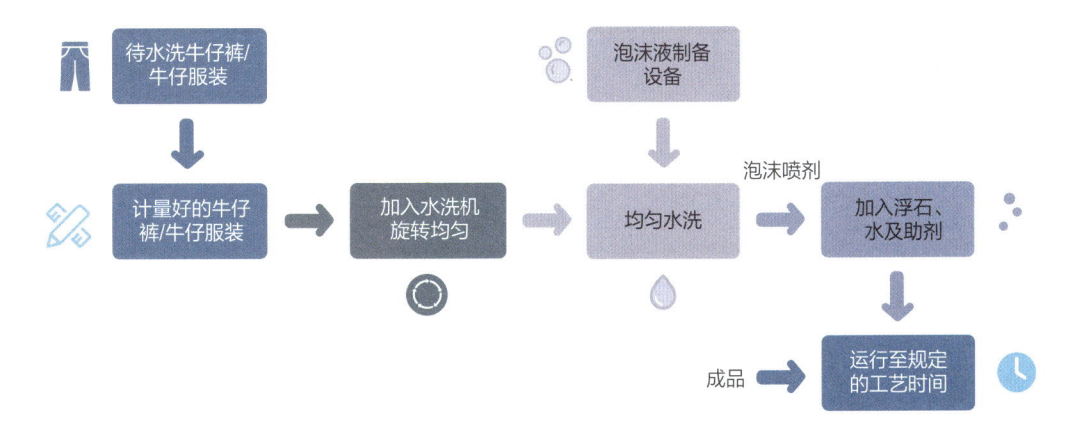

图7.5 泡沫水洗工艺流程图

表7.5是列出了泡沫生物酶水洗工艺和传统生物酶水洗工艺的实际情况。

表7.5　两种水洗工艺的对照

项目	泡沫生物酶水洗		传统生物酶水洗		备注
下机数量	120条（60kg）				相同
润湿和退浆	丹宁调制剂1.6kg，生物浮石（酵素）200g，环保浮石10kg		水（L）	600	泡沫生物酶水是将润湿和退浆、洗底色和固色三个步骤合成一个
			枧油（g）	200	
洗地色（水洗）			水（L）	600	
			生物酶（g）	250	
			普通浮石（kg）	40	
固色防沾色			水（L）	600	
			固色剂（g）	600	
过水	水（L）	1000	水（L）	2000	
泡沫调配化料	水（L）	60			

从表7.5看到，泡沫生物酶水洗工艺不仅节约了水、化学助剂，还将水洗工艺由三步法改为一步法短流程工艺，实现生产过程节水降耗，提高了生产效率，降低生产成本。两种工艺的生产成本对比（水洗120条牛仔裤）见表7.6。

表7.6　两种工艺的生产成本对比（水洗120条牛仔裤）

项目	泡沫生物酶水洗		传统生物酶水洗		备注
	用量	金额（元）	用量	金额（元）	
水	1.06m³	8.48	3.8m³	30.04	含废水处理费用
酵素酶			0.25kg	5	20元/kg
固（防）色剂			0.6kg	9	15元/kg
丹宁调制剂	1.6kg	17.6			11元/kg
枧油			0.2kg	2.6	13元/kg
生物浮石	0.2kg	5.8			29元/kg
普通浮石			40kg	24	1.8元/kg，3次
环保浮石	10kg	13			1.3元/kg，10次
合计		44.88		70.64	
成本	0.374元/条		0.589元/条		按水洗服装条数计
	0.748元/kg		1.117元/kg		按水洗服装重量计

从表7.6可见，使用泡沫生物酶工艺水洗的生产成本要低于传统水洗工艺。

九、臭氧洗水工艺

臭氧洗水机的工作原理是：空气中的氧气经过洗水设备上的臭氧转换器转换成臭氧，利用臭氧的漂白性用于牛仔裤漂洗，漂洗后剩余的臭氧废气，经过洗水设备上的转换器将臭氧转换成氧气再排入空气中。

臭氧洗水工艺可以取代部分牛仔服装的水洗工艺，例如，次氯酸钠水洗。采用臭氧洗水机后能大量节约生产用水，减少生产电耗，同时减少化学品的消耗量，通过新设备及工艺实现生产过程节能降耗。

十、激光雕刻技术

激光雕刻技术的原理是用计算机进行图案设计、排版，并制成相关的文件，使用激光雕刻机将图案和特殊的设计效果加工到牛仔裤和其他牛仔服装上。激光束依照计算机排版指令，在服饰面料的表面进行高温刻蚀，受高温刻蚀部位的纱线被烧蚀、染料被气化，形成不同深浅层次的刻蚀，产生图案或者其他的洗水整理效果。这些图案还可以使用绣花、珠片、烫片、金属配饰等材料再做修饰，以增强艺术效果。图7.6为激光雕刻机。

图7.6 激光雕刻机

牛仔激光雕刻采用激光技术、数字化加工工艺结合牛仔本身的柔韧特性，加工效果不逊于传统工艺。传统洗水工序使用人工手擦或大量使用化学试剂，前者效率不高，后者则不可避免地会产生刺激性废气和废水。激光加工非常灵活，使纺织品的设计和修改都变得更加容易。例如，可以将设计的纹理和图案加工到整块纺织品或成品表面，并且整个过程重复性高，适应性强。与传统加工工艺相比，激光雕刻工艺技术是一种可持续的加工方法，取代了传统用化学法做旧的工艺，效率是传统工艺的10倍，减少了水的使用量，节水50%以上，不仅可以节约时间和成本，提高生产效率和生产质量，还能减少环境污染。目前牛仔激光雕刻工艺逐渐替代传统手擦和化学喷涂，成为牛仔服装后整理的主流技术。

第二节 再生环节循环经济技术案例

一、纤维识别技术

要回收和利用废旧纺织品首先要对织物纤维进行识别，以判断织物的纤维，然后决定使用的分离技术和最后利用目的。纤维识别技术主要有以下两个系统。

1. 近红外线识别技术

目前已经实现产业化的织物（纤维）自动化识别系统，其核心技术采用了近红外线无损探测原理，通过建立相对准确的数据库，分拣设备采用红外线、自动化控制和声控技术，通过扫描探头，能够分拣出纯棉、纯毛、纯涤等废旧纺织品。目前，扫描仪每识别一件衣服需要1.5s，分拣效率约为800kg/h。

2. 视觉识别技术+红外线识别技术

由于红外线技术本身特点，仅用红外线识别技术存在着一定的问题和误差。在红外线识别技术的基础上，增加视觉识别技术可以避免红外线识别技术的失误，提高识别的效果和成功率。

视觉识别技术中的纺织品图像采集系统主要包括自动化生产设备和信息提取系统。自动化生产线均匀分布红外光源，对称的另一侧安装高清信息采集摄像头，纺织品通过自动化生产设备进行整平和匀速输送。自动化生产线根据纺织品所用材料的尺寸和厚度进行调整。红外光源和高清信息采集摄像头对称安装在设备两侧。当产品表面出现异常缺陷时，高清摄像头采集的信息存在明显偏差，经电子信息图像处理后可快速准确定位识别。目前已投入产业化应用的生产线，单条生产线每小时可分拣4.5t纺织品，纺织品包括来自消费前纺织品废料，如服装生产商的边角余料、废线，还有旧衣物，如被丢弃的服装、家用纺织品等。

二、涤/棉纤维分离技术

在废旧纺织品回收中，属于涤/棉织物的数量居多。涤/棉的分离、回收和利用的技术备受关注，常用的方法是物理法和化学法。

1. 物理法

针对合成纤维，尤其是熔融纺丝成型的纤维（聚酯、聚酰胺、聚烯烃等），通过高温熔融，使纺织品成为熔体，经过过滤杂质后再纺丝或用于其他产品，一些高性能纤维复合材料通过高温去除环氧树脂等，还原纤维状态，通过切断粉碎等工序，用于非织造纺织产品。

2. 化学法

针对多种纺织纤维的分离分别回收。涤/棉混纺织物可用靶向化学降解法，将棉花转化为黏胶纤维溶剂，或靶向降解涤纶，将混纺纤维进行分离。

以废旧涤/棉混纺大学生军训服为原料，采用尿素—醋酸锌共晶体系为催化剂，通过乙二醇醇解技术对废弃军训服进行分离回收。得到对苯二甲酸乙二酯单体。反应温度为196℃，反应时间为3h时，聚酯转化率达到92.43%，对苯二甲酸乙二酯选择性达到85.66%。通过酸解法把醇解剩余的棉织物制成白色纤维素，产率为46.03%。

另一种涤/棉纤维的分离工艺是采用乙二醇为醇解溶剂，在反应釜内200℃条件下，保温反应4.3h。简单过滤回收得到对苯二甲酸双羟乙酯的乙二醇溶液，剩余为棉纤维。生产工艺流程如图7.7所示。

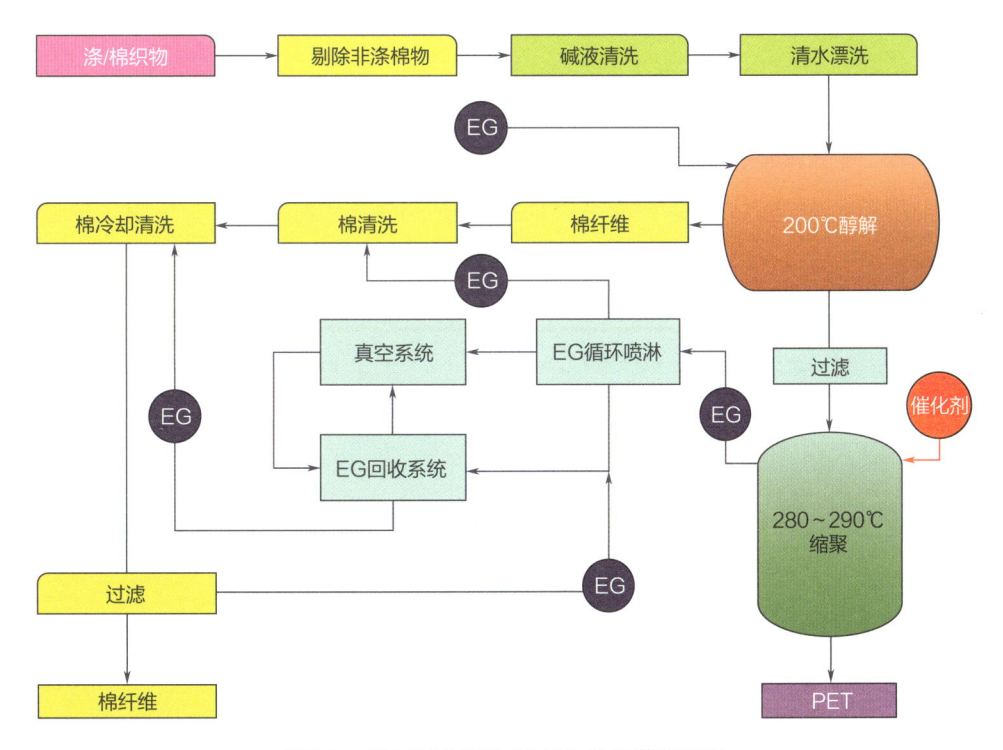

图7.7　乙二醇分离涤/棉织物的工艺流程图

三、棉纤维回收技术

在回收棉或纤维素纤维时,所使用技术的选择与废旧纺织品的种类与含量、回收利用成本以及回收后的用途等因素有关。棉/纤维素织物的回收方法和利用见表7.7。

表7.7 棉/纤维素织物的回收方法和利用

回收方法	方法原理	再生材料的运用
物理法	通过简单的机械加工来处理废旧纺织品,不破坏纤维内部分子结构,如将废旧纺织品进行开松成纤维后,再制备	回收的材料可通过纺纱或非织造的方式制备成纱线或织物
化学法	破坏废旧纺织品内部分子结构,得到再生纤维素、蛋白质或者生物炭材料	回收后材料经过纺丝、交联、改性等加工,做成纺织原材料再利用
生物法	将废旧纺织品运用生物处理方法,回收得到生物燃料、家禽饲料和肥料等材料	生物燃料、家禽饲料和肥料
能源法	将废旧纺织品作为燃料使用。通过燃烧将热能转化为电能等加以利用的方法	回收的材料作为燃料利用

第三节 先进企业案例

一、广东前进牛仔布有限公司

广东前进牛仔布有限公司(以下简称前进)成立于1987年。是我国牛仔布产品营业收入行业领先企业。前进以纱线浆染、织布和面料后整理为主,多年来专注牛仔布的科技研发,致力于让牛仔布成为最环保的面料之一。围绕绿色和低碳建立了完整的品牌价值体系,通过开展绿色产品设计和生产推行绿色生产和努力实现双碳目标。2021年,被中国棉纺织行业协会授予"十三五"高质量发展领军企业称号,获国家工信部授予"绿色工厂"及"印染规范示范企业"称号。图7.8为广东前进牛仔布有限公司照片。

1. 数字化智能化升级改造

前进从源头开始,在产品设计或规划的过程就植入循环经济、绿色生产以及碳减排等理念。自2009年起就启动装备数字化工程,推行生产数字化智能化管理,运用RFID技术,实施生产车间管理、仓库管理和样品管理,将RFID系统与企业内部的ERP系统融合,形成了全面的系统的生产数据化智能化管理体系,2017年被授予"两化融合试点单位",同年通过了"两化融合管理体系认证"。图7.9为RFID系统。

图7.8　广东前进牛仔布有限公司

图7.9　RFID系统

建立了能源和水资源管理平台,实现各机台的能源使用和水使用的实时监控。在浆染和后整理车间开展中水回用计划。两年来,前进公司每年回用水量超过13万吨。2019年,单位产品用水下降43%,新鲜水用量下降85%,回收水使用量较2018年增加4%,单位蒸汽用量较基准年下降31%,单位用电量下降4.5%,污水排放量减少42.3%,成为2019年世界自然资源保护协会(NRDC)的"CBD 清洁始于设计"项目的"最佳实践企业"。图7.10为机台能源和水使用情况实时监控屏幕。

图7.10　机台能源和水使用情况实时监控屏幕

2. 关键装备绿色化改造

2018年，更换了两套旧的退浆机，引进新型节水退浆机，实现水90%回用，达到良好的节水效果，产品质量也得到很大的提升。2019年底，前进自主设计、由国外设备工厂制造，国内厂家安装投产的全球首台环保浆染纱机BIG BOX环保染色机，与旧的染色机相比，节约能耗44%，节水93%，节约化学品消耗34%，减少废水排放99%。图7.11为BIG BOX环保染色机，该设备成果产业化应用，为前进产品多元化、质量提升都奠定了坚实的基础。

图7.11　BIG BOX环保染色机

3. 推动企业绿色循环发展

为了使企业能持续地推行循环经济、绿色生产和低碳发展，前进成立了环境管理委员会，负责企业的绿色生产和低碳发展的规划，及节能降碳项目的实施。

在推行绿色可持续发展过程中，前进积极推进再生能源的利用。2021年，前进投资300多万元，自建光伏发电屋顶，从7月开始投入使用，半年发电46万千瓦时，年发电量可达96万千瓦时，每年可降低碳排放600万吨。2022年公司继续投资400多万元，开展二期光伏发电装置安装。两期工程完毕，预计年发电量达184万千瓦时，占公司的总用电量的11%，有效降低碳排放。

积极参与国际和国内各项绿色发展项目。前进公司已参与了多种国际和国内的温室气体减排和绿色发展项目。

（1）2021年8月，参加中国纺织工业联合会社会责任办组织和发起的"牛仔产业链零碳行动"，倡导整个产业链共同节能降碳。

（2）加入了中国纺联3060中国时尚行业碳中和加速计划，成为第一批率先带动行业3060碳达峰和碳中和行动的牛仔企业。

（3）捐赠42万元给中国纺织碳基金会，用于时尚气候创新专项基金相关的项目及活动。

（4）参与并赞助举办第一届"中国纺织绿色发展大会"及GREEN CHANLLEGE时尚活动。

（5）赞助由教育部、武汉纺织大学举办的"前进杯"环保牛仔设计大赛，吸引了16所高校参与，共收到作品200多份，让在校的学生开始关注牛仔行业的绿色环保行动。

（6）参与LEVI'S品牌的"CBD清洁始于设计"项目、CLP零碳先锋计划、RETI太阳能光伏项目、WSP废弃物管理研究项目、AEO品牌的WCLP减水减碳先锋计划以及REAL GOOD产品准入项目和Kontoor Brands（KTB）的INDIGOOOD省水减碳研究项目等。

（7）与国际品牌一起，开展了牛仔服装的产品生命周期碳足迹LCA核算，并设计了碳吊牌，为品牌赋能。成为GTT中检集团首张碳足迹证书的获得企业。

二、广州市博森牛仔服装有限公司

广州市博森牛仔服装有限公司（以下简称博森公司）是以牛仔服装水洗为主、纱线浆染和牛仔面料后整理为辅的牛仔服装生产企业。前身为成立于2002年的万盛得服装有限公司，位于我国著名的牛仔服装生产基地广州市新塘镇。在较长的一段时期，牛仔服装水洗生产因生产工艺简单、设备简陋、环境恶劣，受到社会舆论的批评。博森公司不回避企业和行业存在的实际问题，从生产设备、生产工艺、现场管理以及环境保护等方面做深度的改造，制定严格的制度，使牛仔服装水洗生产在各个方面都有脱胎换骨式的变化，取得良好的成效。

1. 彻底转变全员思想和意识

博森公司通过全面推进清洁生产审核和产业提升改造，深刻地认识到传统的牛仔服装生产模式已经不符合现代化生产需求，只有全面推进企业绿色转型升级，才能适应社会经济的发展方向。在当地政府部门的指导下，尤其是在广东省和广州市纺织专家的具体指导下，以建设"花园式工厂"为目标，对旧厂房、道路、车间布局、环保措施等都进行了重新的规划设计。从生产设备、生产工艺和生产管理等方面制定了全方位的绿色化转型方案，生产现场管理水平大幅提高；通过引进和使用节能节水的生产设备和工艺，完成了绿色环保牛仔服装水洗工厂示范建设。图7.12为博森公司厂房改造后照片。

图7.12　博森公司厂房改造后照片

2. 车间绿色化升级改造

淘汰落后产能，先进节能节水自动化装备全面应用。用节能、节水的立式水洗机代替高耗水的卧式水洗机。传统的卧式水洗机耗水耗热量大，工艺参数不稳定，工人劳动强度大。1∶5立式水洗机浴比小，设备可以实现程序化控制，明显降低工人的劳动强度，减少40%洗漂工序的操作人员，节省蒸汽用量40%以上，节约生产用水量和废水排放量50%以上。改造前后的水洗机及车间如图7.13和图7.14所示。

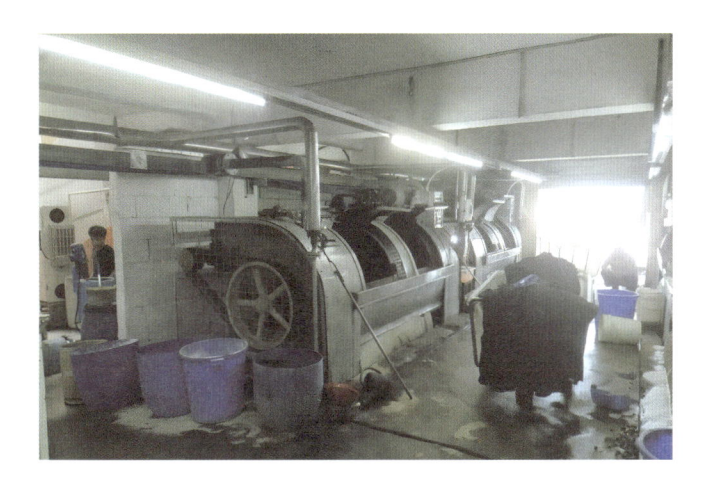

图7.13　改造前的水洗机及车间

图7.14　改造后的水洗机及车间

用智能程控脱水烘干一体机淘汰高耗能的烘干机。从意大利引进的智能程控脱水烘干一体机全程自动化控制，可以大幅降低劳动强度，节水节能。图7.15为智能程控脱水烘干一体机。

图7.15　智能程控脱水烘干一体机

3. 提高生产现场管理规范

牛仔服装水洗生产现场管理一直是大难题，博森公司通过狠抓生产现场管理，制定完善的生产管理流程，参与《牛仔服装洗水操作规范》《牛仔服装洗水行业清洁生产评价指标体系》团体标准制定，结合高效节能的生产设备，自动吊挂线等广泛应用，彻底改变了原有牛仔服装水洗车间脏乱差、污水横流的场面。图7.16和图7.17是改造前后的生产情景。

图7.16　改造前的生产情景

图7.17　改造后的生产情景

4. 注重全过程的环境保护和资源回收利用

牛仔服装水洗和纱线浆染与其他纺织印染生产工序相比，能源消耗比较小，污染物产生量比较小。因此很长时间都没有重视牛仔服装水洗和纱线浆染生产产生的污染物问题。博森公司对牛仔服装水洗和纱线浆染生产过程中的各种污染问题进行了检测检验，并制订了提升改造方案，例如对纱线浆染生产线车间实施全封闭生产管理，达到近似负压的要求；并将滚筒烘干机排放的废气进行集中收集和集中处理，减少粉尘和气味的无组织排放；通过对废气收集后集中治理，不仅减少了环境污染，还改善了员工的生产环境。

积极开展国际和国内的技术交流，提升绿色循环发展理念。通过积极参与国内外技术交流，开展与相关品牌及企业的合作，组织清洁生产、水洗技术培训等，不断提高生产工艺技术水平，绿色发展的意识不断深入企业文化，成为企业可持续发展的原动力。博森公司经过几年的努力，不断进行绿色化转型，打造出具有现代化绿色牛仔水洗工厂示范，改变了人们对牛仔服装水洗生产的看法。图7.18是国外专家与企业技术人员交流牛仔水洗工艺的场景。

图7.18 国外专家与企业技术人员交流牛仔水洗工艺

参考文献

[1] 中国纺织工业联合会环境保护与资源节约促进委员会，北京服装学院"低碳与废旧纺织品回收再利用"研究团队.旧衣零抛弃：2014/2015我国废旧纺织品回收与再利用研究报告[M].北京：中国纺织出版社，2015：57-58.

[2] 叶敏.浅谈欧盟与我国废旧纺织品的"生存环境"差异[J].全国商情（经济理论研究），2015（5）：32-35.

[3] 王磊，马飞.促进循环经济发展的国际经验及财政政策启示[J].中国市场，2009（5）：94-95.

[4] 陈遊芳.日本废旧纺织品回收体系研究及对我国的启示[J].再生资源与循环经济，2014，7（8）：40-44.

附　录

附录一　概念解释

一、可持续产品：也被称为生态友好产品或绿色产品，因为它们对人和环境的伤害最小。绿色产品包括以下两类。

1. 可再生、可回收利用类：利用回收废品进行再生产，不仅可以节约大量资源，而且可以减少垃圾污染，同时以废品为原料比使用原材料生产能耗低、污染排放少，这一点在造纸行业表现得尤为突出。再生纸、再生塑料就是此类绿色产品。

2. 提高资源、能源利用类：在世界资源、能源技术革命性的飞跃到来之前，人们正在大力发展节能降耗产品，提高产品的资源、能源综合利用率。节能电脑、节能灯等就属此类绿色产品。

二、循环经济：循环经济（recycle economy）以资源的高效利用和循环利用为核心，以减量化、再利用、资源化为原则，以低消耗、低排放、高效率为基本特征，是一个"资源获取—产品制造—再生资源"的反馈式循环过程。

循环经济是人类实现可持续发展的一种全新的经济运行模式，它不同于传统经济遵循的"资源—生产—消费—废弃物排放"的线性过程，倡导在物质不断循环利用的基础上发展经济，其要旨是将经济活动组织成"资源—生产—消费—二次资源"的闭环过程。

三、循环经济3R原则：减量化（Reduce）、再利用（Reuse）、资源化（Recycle）。

减量化（Reduce）是循环经济的第一原则，就是减少生产和消费流程的物质量，因此又叫减物质化。以预防废弃物的产生而不是产生后的治理为宗旨。

再利用（Reuse）是循环经济的第二原则，就是尽可能多次以及尽可能多种方式地使用人们所买的东西。

资源化（Recycle）是循环经济的第三原则，就是要尽可能多地再生利用或资源化。

四、线性经济：循环经济的对称。以资源线性流动为特征的经济模式。表现为传统经济中资源—产品—废弃物的单向流动。资源未得到充分利用即变为废弃物，大量消耗资源同时造成环境污染。具有高消耗、高污染和低利用率的特征，实质是以增长的自然代价实现经济的数量型增长，与可持续发展背道而驰。从经济学观点看，是因为经济运行的价值链在无法产生利润的环节发生了断裂，不能维持循环运转。

附录二　牛仔服装生产用化学品情况表

序号	种类	名称类别	用途	主要化学成分	CAS编号	是否为危险化学品
1	染料	靛蓝	用于经纱的染色	靛蓝	82-89-3	否
2		硫化黑	用于经纱的染色或调色	硫化黑1、硫化黑BR	1326-82-5	否
3		硫化黑	用于经纱的染色或调色	硫化黑6	1327-16-8	否
4		硫化黑	用于经纱的染色或调色	硫化黑2	1326-85-8	否
5	浆料	淀粉	用于经纱上浆	淀粉	55353-21-4	否
6		可降解淀粉	用于经纱上浆	玉米淀粉	9005-25-8	否
7		PVA	用于经纱上浆	聚乙烯醇	9002-89-5	否
8	化学品	烧碱	纱线染色时调节溶液	氢氧化钠	1310-73-2	是，皮肤腐蚀/刺激性，1A类
9		保险粉	纱线染色时调节酸液	连二亚硫酸钠	7775-14-6	是，自热物质和混合物，1类
10		碳酸氢钠	纱线前处理、坯布退浆	碳酸氢钠	144-55-8	否
11		碳酸钠	纱线前处理、坯布退浆	碳酸钠	497-19-8	否
12		醋酸	浆染后中和	乙酸	64-19-7	是，易燃液体，3类；皮肤腐蚀/刺激，1A类；严重眼损伤/眼刺激，1类
13		过氧化氢	用于水洗等过程	过氧化氢	7722-84-1	是，20%≤含量<60%，氧化性液体，2类；皮肤腐蚀/刺激，1A类；严重眼损伤/眼刺激，1类
14		高锰酸钾		高锰酸钾	7722-64-7	是，氧化性固体，2类、危害水生环境—急性危害/长期危害，1类

附　录

续表

序号	种类	名称类别	用途	主要化学成分	CAS编号	是否为危险化学品
15	助剂	渗透剂	纱线染色前处理	脂肪醇聚氧乙烯醚	52292-17-8	否
16		湿润剂	纱线染色前处理	十二烷基（磺化苯氧基）苯磺酸二钠盐	28519-02-0	否
17		湿润剂	纱线染色前处理	表面活性剂AS	27415-94-7	否
18		湿润剂	纱线染色前处理	表面活性剂	57534-41-5	否
19		湿润剂	纱线染色前处理	复合表面活性剂	68084-34-4	否
20		胶水	用于经纱上浆	聚丙烯酸钠	9003-04-7	否
21		蜡片	用于经纱上浆	不饱和脂肪酸植物油	68648-24-8	否
22		浆纱油	用于经纱上浆	矿物油	8042-47-5	否
23		退浆剂	面料后整理	α-淀粉酶	9000-90-2	否
24		防染剂	面料后整理	间硝基苯磺酸钠	127-68-4	否
25		工业盐	浆染、水洗等	氯化钠	7647-14-5	否
26		柔软剂	面料、服装水洗后整理	柔软剂IS	69896-13-5	否
27		柔软剂	面料、服装水洗后整理	酰胺类氧化合物	139920-32-4	否
28		柔软剂	面料、服装水洗后整理	硅油	28323-47-9	否
29		洗涤剂	服装水洗	纤维素酶	9004-34-6	否
30		洗衣粉	服装水洗后	烷基苯磺酸钠	68411-30-3	否

中国牛仔服装行业循环经济研究项目组
核心项目团队

中国纺织工业联合会
产业部副主任
程皓　项目主任

中国棉纺织行业协会
王耀　副会长

中国纺织工业联合会
环境保护与资源节约促进委员会
王琳　项目执行主任

艾伦·麦克阿瑟基金会（英国）
Laura Balmond　循环时尚倡议负责人

艾伦·麦克阿瑟基金会（英国）北京代表处
关一松　北京代表处首席代表

艾伦·麦克阿瑟基金会（英国）北京代表处
曹子靖　循环时尚项目经理

中国棉纺织行业协会
牛仔专业委员会
侯锋　秘书长

佛山市清洁生产与低碳经济协会
杨爱民　秘书长

广东省纺织工程学会
陈茜薇　行业资深专家

中国循环经济协会绿色制造与再制造专委会
高阳　副秘书长

广州弘禹生态科技有限公司
郑君仪　项目研究员

佛山市清洁生产与低碳经济协会
李孝　项目研究员

致 谢

我们非常感谢在项目实施和编写报告时所获得的支持。

特别感谢来自国家政府、机构、企业和智库的众多知名政策、产业和学术专家，他们在项目研讨、报告编制中提供了宝贵的意见和建议。

我们也十分感谢中国棉纺织行业协会牛仔专业委员会、广东省纺织工程学会、佛山市清洁生产与低碳经济协会的支持及各地区参与调研的牛仔服装企业的积极配合。